Collection Dubois du Bais

ESTAMPES

ET

DESSINS

AVRIL 1882

COMMISSAIRES-PRISEURS.:

Mᵉ CARPENTIER

9, rue Bourdaloue

Mᵉ L. LEMON

rue Drouot, 7

M. CLEMENT

MARCHAND D'ESTAMPES DE LA BIBLIOTHÈQUE NATIONALE

3, rue des Saints-Pères, 3

CATALOGUE

D'ESTAMPES

DE L'ÉCOLE FRANÇAISE DU XVIIIᵉ SIÈCLE

Pièces en noir et en couleur

CARICATURES

SUR LES MŒURS, LES COSTUMES ET LA POLITIQUE

PIÈCES HISTORIQUES SUR LA RÉVOLUTION

DESSINS

ALBUMS

PAR PIGAL, BOILLY, GRANDVILLE, MONNIER, BOUCHOT,
GAVARNI, TRAVIÈS, ETC.

Composant la Collection de feu M. le Comte **DUBOIS DU BAIS**

Dont la vente aux enchères publiques aura lieu

HOTEL DES COMMISSAIRES-PRISEURS, RUE DROUOT, Nº 9

SALLE Nº 4

Du Lundi 23 au Samedi 29 Avril 1882

A UNE HEURE PRÉCISE

Par le ministère de **Mᵉ CARPENTIER**, Commissaire-Priseur,
9, rue Bourdaloue,
Et **Mᵉ L. LEMON**, son confrère,
7, rue Drouot.
Assistés de **M. CLEMENT**, Marchand d'Estampes de la Bibliothèque Nationale,
rue des Saints-Pères, 3.

EXPOSITION PUBLIQUE

Le Dimanche 22 Avril 1882

DE DEUX HEURES A QUATRE HEURES

CONDITIONS DE LA VENTE

Elle sera faite au comptant.

Les adjudicataires payeront *cinq pour cent* en sus des enchères.

ORDRE DES VACATIONS

Lundi   **23 Avril** — Numéros .... 67 à 339

Mardi   **24** —   —   —   .... 340 à 610

Mercredi 25 —   —   —   . ... 611 à 836

Jeudi   **26** —   —   —   . ... 837 à 1072

Vendredi 27 —   —   —   .... 1073 à 1293

Samedi   **28** —   —   —   .... 1294 à la fin.

—   —   —   — Dessins............... 1 à 66

—   —   —   — Estampes en lots, non cataloguées.

DÉSIGNATION

DESSINS

ANONYMES

1 — La Madeleine pénitente.

    Au crayon noir, rehaussé de blanc.

2 — La Tentation de saint Antoine.

    Au lavis de bistre, rehaussé de blanc.

3 — Les Délassements du Palais-Royal. « Pauvres bêtes, vous perdrez votre argent ». Caricature sur les maisons de jeu du Palais-Royal.

    A la plume et lavis d'aquarelle.

4 — Séance d'une assemblée législative. Caricature.

    Curieux dessin à la plume et lavis d'aquarelle.

5 — Enlèvement d'un aérostat du Comte Garnerin. Cette expérience a été faite sur l'eau, le 18 brumaire, an X, en réjouissance de la paix.

    Gouache.

6 — Potiche au champ d'honneur.

    A la plume et aquarelle.

7 — L'Averse et le galant.

    A la plume et lavis d'aquarelle.

8 — A la promenade. Deux compositions différentes.

    A la plume et lavis d'encre de Chine.

9 — La Rencontre. Composition de deux figures.

    Au bistre, rehaussé de blanc.

ANONYMES

10 — La Ménagerie curieuse.
Aquarelle.

11 — Le Lavement. Caricature.
Aux trois crayons.

12 — Les Bains froids.
Deux dessins à la plume et lavis de bistre.

13 — Le Fruit défendu.
Aquarelle.

14 — Intérieur d'une maison de filles, en Espagne.
Aquarelle.

[ARRIVET

15 — Voltaire et Rousseau représentés en pied dans la campagne.
Deux dessins à la plmme et lavis d'encre de Chine.

BOSIO

16 — Les Invisibles. Composition de huit figures.
Beau Dessin à la plume et lavis d'encre de Chine et d'aquarelle. A été gravé.

17 — Les Glaces. Composition de six figures.
A la plume et lavis de sépia, rehaussé de blanc.

18 — Le Déjeuner froid. Composition de six figures.
A la plume et lavis de sépia, rehaussé de blanc, fait pendant au numéro précédent.

19 — La Coqueluche des jolies femmes de Paris.
Aquarelle.

20 — Les Anglais à Paris.
Trois dessins à l'aquarelle.

BOUCHER (F.)

21 — La Bergère surprise au bain.
A la plume et lavis de bistre et encre de Chine.

BOYER

22 — Foyer Montansier, Théâtre du Palais-Royal. Année 1800 à 1801.

> Curieux dessin pour les costumes, au lavis d'encre de Chine et d'aquarelle.

BRADEL

23 — Marie-Antoinette d'Autriche, reine de France, 1785. Portrait en buste.

> Aux trois crayons.

CARÊME

24 — Léda et deux nymphes au bain.

> Au lavis d'aquarelle.

25 — Bacchante dansant sur une outre.

> Au crayon noir et lavis, rehaussé de blanc.

CHARPENTIER

26 — Jeune femme se parant de fleurs.

> Au crayon noir et lavis d'aquarelle.

CHEVAUX

27 — Le Doux baiser.

> Aquarelle,

CŒURÉ ET LOFTUS

28 — La Vénus Hottentote. Deux dessins sur le même sujet.

> A la plume et lavis d'aquarelle.

DEBUCOURT (P.-L.)

29 — Scène de brigands. Effet de neige.

> Très beau dessin au lavis d'aquarelle, rehaussé de blanc.

DRESPE (peintre liégeois)

30 — Le Foudroiement des Terroristes. Allégorie sur le 9 thermidor, an II.

> Grand et beau dessin à la plume et lavis d'encre de Chine, rehaussé de blanc.

DUTERTRE

31 — La Cueillette des cerises.

A la plume et lavis d'encre de Chine, rehaussé de blanc.

ÉCOLE FRANÇAISE DU XVIIᵉ SIÈCLE

32 — L'Enlèvement des Sabines. Dessin en forme de frise.

A la plume et lavis de bistre.

ÉCOLE FRANÇAISE DU XVIIIᵉ SIÈCLE

33 — L'Enlèvement, — Le Rendez-vous. Deux dessins faisant pendants.

Au fusain.

34 — Le Poirier, pour les contes de La Fontaine.

Au crayon noir, rehaussé de blanc.

35 — Un Militaire surprenant une jeune femme à sa toilette.

A la plume et lavis d'encre de Chine et d'aquarelle.

36 — Les Soldats en goguette, — La Rixe. Deux dessins faisant pendants.

A la plume et lavis d'encre de Chine et d'aquarelle.

37 — Jeune femme sortant du bain.

Aquarelle.

38 — Vénus Anadyomène, d'après le Titien.

Aquarelle.

39 — Un Cabinet de toilette avec trois jeunes femmes.

A la plume et lavis de sépia.

40 — La Marmite renversée.

A la plume et lavis d'aquarelle.

41 — Un Sacrifice. Composition d'un grand nombre de figures.

A la plume et lavis d'aquarelle.

42 — Les Malheurs de la guerre.

Au crayon noir et lavis de bistre, rehaussé de blanc.

43 — Le Foyer de l'Opéra. Lord Iginall et Lord Dure y achètent l'Amour tout fait.

Aquarelle.

ÉCOLE FRANÇAISE DU XVIIIᵉ SIÈCLE

44 — Dessins de caricatures et sujets divers. Trente-trois dessins. Sera divisé.

ÉCOLE ANGLAISE

45 — La Torture. Composition d'un grand nombre de figures.

> Beau dessin à la plume et lavis d'encre de Chine et d'aquarelle.

46 — Caricatures diverses.

> Cinq dessins au crayon noir.

FINART (D.)

47 — Le Retour du marché.

> Aquarelle.

G.

48 — Caricatures parisiennes. Les Modernes, Nº 3.

> A la plume et lavis d'aquarelle.

HUOT

49 — Les Fripons et les Dupes, 1797. Composition de sept figures.

> Au lavis d'encre de Chine, rehaussé de blanc.

JANSENS (J.)

50 — La Résistance. Composition de deux figures.

> A la sanguine, rehaussé de blanc.

KLINGSTET

51 — La Petite cuisinière.

> A la sanguine et mine de plomb.

LAVREINCE (N.)?

52 — La Joye des figurants de la Comédie-Française.

> Beau dessin à la plume et lavis d'encre de Chine.

L. G. (Anonyme)

53 — Le Premier pas d'un jeune officier cosaque au Palais-Royal.

> Aquarelle.

LONG

53 bis — Jeune femme en buste.

A la sanguine.

MALLET

54 — Jeune femme à une fenêtre, cueillant des fleurs.

Gouache.

MOMAL

55 — Jeune femme entrant au bain, — Jeune femme sortant du bain.

Deux dessins au crayon noir et encre de Chine; signés et datés de 1812 et 1818.

56 — Satyre et une nymphe.

Au crayon noir, rehaussé de blanc.

MOITTE (A.)

57 — La Chasse aux papillons, — Le Serin chéri, — La Résistance, — L'Heureux moment.

Quatre charmants dessins au crayon noir et mine de plomb, montés sur une même feuille.

NAUDET

58 — Le Pavillon de la Paix, — La Dernière promenade des anglais à Paris.

Beau dessin à la plume et lavis d'aquarelle très curieux pour les costumes de l'époque.

REGNAULT

59 — Une Bacchante endormie.

Au crayon noir.

RIJARD 1820

60 — Les Baisers du départ.

A la plume et lavis d'aquarelle.

ROEHN

61 — La Marchande de pommes.

A la plume et lavis d'encre de Chine et d'aquarelle.

UJARZD

62 — Le Gastronome sans argent, — Le Sommeil interrompu.
Deux dessins au lavis d'aquarelle.

VERKOLYE (N.)

63 — Amon voulant abuser de Tamar.
Au lavis d'encre de Chine, rehaussé de blanc, signé.

VERNET (C.)

64 — Le Rendez-vous du chasseur.
Beau dessin à la plume et lavis de sépia, rehaussé de blanc.

65 — Entrée des alliés à Paris, en 1814.
Beau dessin en largeur, à l'aquarelle.

WILLE (P. A.)

66 — Portrait de la femme de l'artiste; en bas, on lit au crayon :
« C. R. Alau femme de P. A. Wille », dessiné par son
mari en 1786.
Aux trois crayons, signé et daté de 1788.

ESTAMPES

IMPRIMÉES EN NOIR

ALIBERT (A Paris chez)

67 — Le Tombeau de Voltaire, pièce in-fol. en largeur. Gravée
par C. M., d'après N.
Belle épreuve.

A. G. T. G.

68 — L'Agréable illusion, d'après J. G. P.
Superbe épreuve, grandes marges.

ANONYMES

69 — Allégorie relative à l'intervention de la France dans la
guerre de l'indépendance des Etats-Unis.
Épreuve avant toutes lettres, à l'état d'eau-forte.

ANONYMES

70 Un Thé sous la Régence. Pièce curieuse pour les costumes et l'ameublement.

Belle épreuve sans marge. Rare.

71 — La Ceinture de chasteté. Deux pièces faisant pendants. Rares.

72 — Deux vignettes in-18, sur les mêmes sujets. Rares.

73 — Estampe du XVIᵉ siècle, sur le même sujet, par H. Wirich.

74 — Dansons la Carmagnole. Pièce gravée à l'eau-forte.

Belle épreuve.

75 — Portrait véritable de l'homme au masque de fer.

Belle épreuve.

76 — Quatorze médaillons, portraits de femmes célèbres. Gravés sur une même feuille.

Très belle épreuve. Rare.

77 — Vénus qui embrasse l'Amour.

Belle épreuve, marge.

ARDELL (J.-M.)

78 — Charlotte, reine de la Grande-Bretagne, in-fol. en manière noire.

Très belle épreuve.

AUBRY (d'après)

79 — La Perte réparable, par Jourd'heuil.

Superbe épreuve, toutes marges.

BAADER (d'après)

80 — Philosophe moderne, par Chevillet.

Belle épreuve.

BACHELIER (d'après)

81 — L'Automne, par Voysard.

Belle épreuve.

BALTARD

82 — Vue de la cour du Louvre prise pendant l'exposition des produits de l'industrie française dans les jours complémentaires de l'an IX.

Belle épreuve.

BARTOLOZZI (F.)

83 — Buste de femme ayant au bras, un panier de fleurs, d'après J. Nixon.

Très belle épreuve avant la lettre, marge.

84 — Vincent Lunardi, George Biggin et Mme Sage s'élevant dans un ballon, d'après Rigaud.

Très belle épreuve avant la lettre.

85 — Léda, — Bacchante. Deux pièces faisant pendants, d'après Pellegrini.

Superbes épreuves, avant la dédicace.

BASSET (A Paris chez)

86 — Les filles de Joye rasées et conduites à l'hôpital. Pièce rare.

Très belle épreuve.

BAUDOUIN (d'après P.-A.)

87 — L'Amour à l'épreuve, par Beauvarlet. (E. B. 5).

Superbe et rare épreuve, avec le titre, sans aucunes autres lettres et avant le changement, toute marge.

88 — L'Amour frivole, par Beauvarlet (6).

Superbe et rare épreuve avec le titre, sans aucunes autres lettres, toute marge.

89 — Les Amants surpris, — Les Amours champêtres.

Deux pièces faisait pendants, gravées par Choffard et Harleston.

90 — Le Carquois épuisé, par N. de Launay. (11).

Très belle épreuve.

91 — Le Chemin de la fortune, par Voyez Major. (14).

Très belle épreuve.

BAUDOUIN (d'après P..A.)

92 — L'Enlèvement nocturne, par Ponce. (20).
>Très belle épreuve.

93 — L'Epouse indiscrète, par N. de Launay. (21).
>Très belle épreuve.

94 — Marchez tout doux, parlez tout bas, par Choffard. (30).
>Très belle épreuve.

95 — Le Matin, — Le Midi, — Le Soir, — La Nuit. Suite de quatre pièces gravées par de Ghendt. (32, 33, 35 et 46).
>Superbes et très rares épreuves avant toutes lettres. Les épreuves du matin et du soir sont avant les draperies, petites marges.

96 — Le Soir, par de Ghendt (46).
>Superbe épreuve avant la lettre, avec les noms des artistes.

97 — Le Matin, par de Ghendt (32).
>Très belle épreuve.

98 — Le Modèle honnête. Gravé à l'eau-forte par J. M. Moreau et terminé au burin par Simonet (34).
>Très belle épreuve.

99 — Perrette, par Guttenberg. (36).
>Très belle épreuve.

100 — Sa taille est ravissante, par Le Beau. (43).
>Très belle épreuve.

101 — La Sentinelle en défaut, par N. de Launay. (44).
>Très belle épreuve.

102 — Les Soins tardifs, par N. de Launay. (45).
>Très belle épreuve.

103 — La Soirée des Tuileries, par Simonet. (47).
>Belle épreuve.

104 — La Toilette, par N. Ponce. (48).
>Très belle épreuve avec l'adresse de Basan.

BAUDOUIN, LAVREINCE, CHALLE ET BOREL (d'après)

105 — Le Curieux, — Le Contretemps, — Les Appas multi-
pliés, — L'Indiscret. Quatre pièces gravées par Dequevauviller, Dennel et Maleuvre.

> Belles épreuves.

BEAUVARLET (J.-F.)

106 — Télémaque dans l'île de Calypso, d'après Raoux.

> Très belle épreuve.

BEHAM, ALDEGRAVER ET PENCZ

107 — Cimon nourri par sa fille, — La Force, — Joseph et la
femme de Putiphar, etc. 7 pièces.

> Belles épreuves.

BENWELL (d'après)

108 — A St-James's Beauty, — La Beauté de St-Giles. Deux
pièces gravées par Bartolozzi et Mixelle.

> Belles épreuves.

BERTAUX

109 — Fleuron, d'après Chastelet, pour la Cocagne.

> Belle épreuve, avant la lettre.

BERTHET

110 — L'Auguste cérémonie du sacre de Louis XVI, roi de
France et de Navarre, célébrée à Reims le 11 juin 1775,
— Le Roi Louis XVI tenant son lit de Justice pour la
première fois au Palais, à Paris, le 12 novembre 1774. Deux
pièces.

> Belles épreuves.

111 — Folie du jour. Vénus ou la prétendue Comète. Jolie
petite pièce présentant le contraste des modes du commencement du XIXe siècle avec celles du commencement du XVIIIe, époque où une comète donna l'idée de porter
des coiffures dites « à la Comète ».

> Très belle épreuve. Rare.

BINET (d'après)

112 — Filles publiques, foyer du Théâtre-Montansier, 1800, par Bovinet.

> Très belle épreuve avant la lettre.

113 — La Colonnade.

> Belle épreuve, remargée.

114 — Le Chasseur, par Dugast.

> Très belle épreuve, marge.

115 — La Nourrice élégante, par Dugast.

> Très belle épreuve.

BOILLY (d'après L.)

116 — Ah! comme il y viendra, par A. Clavareau.

> Belle épreuve.

117 — L'Amant favorisé, par A. Chaponnier.

> Très belle épreuve.

118 — L'Amour couronné, par Cazenave.

> Très belle épreuve avant la lettre.

119 — Ça ira, par Mathias.

> Superbe épreuve avant toutes lettres.

120 — Ça a été, par Texier.

> Très belle épreuve.

121 — La Douce résistance, par Tresca.

> Très belle épreuve avant la lettre.

122 — Les Hommes se disputent, — Les Femmes se battent. Deux pièces faisant pendants, gravées par Chaponnier.

> Très belles épreuves, marges.

123 — Honny soit qui mal y pense, par Bonnefoy.

> Belle épreuve.

124 — Il dort, par Texier.

> Très belle épreuve.

125 — La Jardinière, — L'Amusement de la campagne, — La Solitude, — L'Attention, — La Précaution, — La Jarretière. Six pièces gravées par Tresca.

> Très belles épreuves, marge.

BOILLY (d'après L.)

126 — Jeune garçon avec une jeune fille jouant avec un oiseau, par Allais.

Très belle épreuve avant la lettre.

127 — Jeune fille et un jeune homme à une fenêtre, par Tresca.

Très belle épreuve avant la lettre.

128 — Marche incroyable, par Bonnefoy.

Belle épreuve.

129 — On la tire aujourd'hui, par Tresca.

Superbe épreuve avant la lettre, toutes marges.

130 — Le Porte-Drapeau de la fête civique, par Copia.

Belle épreuve.

131 — Le Prélude de Nina, par Chaponnier.

Très belle épreuve.

132 — Le Premier baiser, par Petit.

Belle épreuve avant la lettre.

133 — Séparation douloureuse. Gravé par Noel, sous la direction de Schenker.

Très belle épreuve.

134 — La Serinette, par Honoré.

Belle épreuve.

135 — La Solitude, par Darcis.

Superbe épreuve, toute marge.

136 — Le Sommeil trompeur, — Le Réveil prémédité. Deux pièces faisant pendants, gravées par Wolff.

Très belles épreuves, marges.

137 — Trait héroïque, par Petit.

Belle épreuve.

138 — Tu saurais ma pensée, — La Leçon d'union conjugale, Défends-moi. Trois pièces gravées par Petit.

Très belles épreuves.

BOITARD

139 — La Fortune bonne et mauvaise. Grande pièce en
largeur.

Belle épreuve.

BOIZOT (d'après)

140 — La République, — La Probité, — La Liberté, — L'Egalité, — La Liberté, — La Loi. Six pièces en noir et en
couleur, publiées chez Basset.

Très belles épreuves.

BONNART

141 — Costumes de l'époque de Louis XIV. Huit pièces.

BONNEFOY

142 — La Machine infernale.

Très belle épreuve, marge.

BOREL (d'après)

143 — Il était temps, par Hemery.

Superbe épreuve avant la lettre, toutes marges.

144 — L'Innocence en danger, par Huot.

Très belle épreuve, doublée.

145 — Le Maréchal des logis, par Voysard.

Très belle épreuve, marge.

146 — Néant à la requête. Pièce gravée au bistre.

Très belle épreuve sans marge.

147 — La Pantoufle.

Superbe épreuve avant la lettre, sans marge.

148 — La Ruse d'amour, par Baquoy.

Superbe épreuve avant la lettre, marge.

149 — Le voilà fait, par Huot.

Superbe épreuve avant la dédicace, grande marge.

BOREL ET FRAGONARD (d'après)

150 — La Résistance inutile. — Il a cueilli ma rose. Deux
pièces faisant pendants, gravées par N. F. Regnault.

Belles épreuves.

BOSIO (d'après)

151 — Ah ! beaucoup vous critiquent, mais peu vous imitent !
par J. Marchand.

Très belle épreuve.

BOSSE (A.)

152 — Le Mari qui bat sa femme, — La Femme qui bat son
mari. Deux pièces.

Très belles épreuves du premier état, avec l'adresse de le Blond.

BOSSE (d'après A.)

153 — L'Enfant prodigue dans une maison de filles. In-fol. en
largeur.

Superbe épreuve.

BOUCHER (d'après F.)

154 — Les Amans surpris, par R. Gaillard.

Belle épreuve.

155 — L'Amour désarmé, par Fessard.

Belle épreuve.

156 — L'Attention dangereuse, par Dennel.

Très belle épreuve.

157 — Les Baigneuses, pièce de forme ovale

Très belle épreuve, marge.

158 — La Coquette, par Daullé.

Très belle épreuve. marge.

159 — Les Grâces au bain, par W. Ryland.

Très belle épreuve, marge.

160 — Les Nymphes au bain, par J. Ouvrier.

Superbe épreuve avant toutes lettres.

161 — La Pêche, par Beauvarlet.

Très belle épreuve.

162 — Le Réveil, par P. C. Levesque.

Superbe épreuve. Rare.

BOUCHER (d'après F.)

163 — Le Trait dangereux, par Poletnich.

Belle épreuve.

164 — Vénus et les Amours, par Gaillard.

Superbe épreuve avant toutes lettres, seulement les noms d'artistes gravés à la pointe.

165 — La Voluptueuse.

Belle épreuve, avec marge.

BOUTELOU 1783

166 — Jeune femme en buste coiffée d'un grand chapeau.

Deux épreuves avant la lettre, dont une en couleur.

BRETON (chez Mᵐᵉ)

167 — Et lui non. Jeune femme en buste regardant le portrait de son amant.

Très belle épreuve, marge.

BREUGHEL

168 — La Tentation de saint Antoine.

Belle épreuve.

BRY (J.-Tʜ.)

169 — La Fontaine de Jouvence, d'après Hans Sebald Beham.

Très belle épreuve.

BUNBURY

170 — The caster hunt at eping forest. Grande pièce en largeur gravée sur trois planches.

Très belle épreuve.

171 — The Gardens of Carleton-House with Neapolitan Ballad Singers designed 18 May 1781. Pièce curieuse pour les costumes.

Très belle épreuve. Rare.

BURIN (L.)

172 — La Maquerelle punie, avec la vue de l'Hôtel de Ville de Paris et de la place de Grève, 1756.

Très belle épreuve, marge

BYRON (d'après F.-G.)

173 — Diana Oldboy, — Priscilla Tomboy. Deux pièces gravées par Tonnby et Petit.

Très belles épreuves.

CAMUS

174 — La Revanche donnée aux sans-culottes. Pièce rare sans noms d'artistes.

Très belle épreuve.

CANU

175 — Maximilien Robespierre représenté en buste, pressant un cœur et recevant le sang dans une coupe. In-8.

Belle épreuve, marge.

CARÊME (d'après)

176 — La Petite Thérèse, par J. Couché.

Belle épreuve.

177 — La Joyeuse orgie, par Hemery.

Très belle épreuve, marge.

177 bis. — Honny soit qui mal y pense, — Honny soit qui mal y voit. Deux pièces gravées par Hubert, faisant pendants.

Très belles épreuves.

178 — Le Réveil du carlin, par Carrée.

Très belle épreuve.

179 — Le Satyre impatient. Gravé par Anselin, sous la direction de Saint-Aubin.

Très belle épreuve.

CARRACHE (A.)

180 — Les Petites pièces lascives. Six pièces.

Belles épreuves.

CASTELLAS (d'après Mlle)

181 — Le Petit favori, par Voyez le Jeune.

Très belle épreuve.

CHALLE (d'après)

182 — Les Amants trahis par leurs ombres, par Wogts.
Très belle épreuve, marge.

183 — Le Bouquet Impromptu, par Augustin Legrand.
Très belle épreuve avec le titre en lettres tracées

184 — La Défaite, — La Conviction. Deux pièces faisant pendants, gravées par G. Marchand.
Belles épreuves.

185 — Les Désirs de l'amour, — Les Plaisirs de l'hymen. Deux pièces faisant pendants, gravées par Aug. Le Grand.
Très belles épreuves.

186 — Le Fidèle indiscret, par R. Gaillard.
Belle épreuve.

187 — Finissez! par G. Marchand.
Très belle épreuve, marge.

188 — Le Garde-chasse scrupuleux, ou le Nid découvert.
Belle épreuve.

189 — Le Modèle disposé, par A. Chaponnier.
Très belle épreuve.

190 — Le Panier renversé, par E. Beisson.
Très belle épreuve.

191 — Le Retour de vendange, — Le Panier renversé. Deux pièces gravées par Ruotte, faisant pendants.
Très belles épreuves.

192 — La Ruelle, par Malapeau.
Très belle épreuve, marge.

193 — Le Souvenir agréable, par Vidal.
Superbe épreuve avec marge. Très rare.

194 — The Officious Wating Woman, par Chaponnier.
Très belle épreuve.

CHAUDET (d'après)

195 — A la porte d'une prison, par L. Duval.
Superbe épreuve avant la lettre, marge.

CHEAUVEAU (d'après)

196 — L'Honnête fripon, — La Curieuse. Deux pièces faisant pendants, gravées par Pattas.

Belles épreuves.

CHEVILLET

197 — L'Amour maternelle, d'après Peters.

Belle épreuve.

CHODOWIECKI (D.)

198 — Les Adieux de Calas à sa famille.

Belle épreuve.

199 — Cabinet d'un peintre.

Très belle épreuve, marge.

200 — Wilhem Tell. Pièce gravée à l'eau-forte.

Très belle épreuve. Rare.

CHOQUET ET MANCEAU

201 — Dortoir philosophique de Mme Plumet et Cie, m ar chande de modes.

Très belle épreuve avant la lettre.

CIPRIANI (d'après)

202 — Cérès, — Pomone. Deux pièces faisant pendants, gra vées par Pezard.

Belles épreuves.

CLAVAREAU

203 — Une course de taureaux en Espagne. Pièce imprimée en bistre.

Très belle épreuve avant la lettre.

CORBUTT (Ch.)

204 — Portrait de femme en buste, d'après Titien.

Belle épreuve.

COSWAY (d'après R.)

205 — Miss Bouverie, réprésentée en pied, par John Condé.

Très belle épreuve.

COSWAY (d'après R.)

206 — Lady Theodosia Cradock, représentée en pied, par Froschi.

Très belle épreuve.

COUCHÉ

207 — L'Amour volage, — L'Amour quêteur. Deux pièces faisant pendants.

Très belles épreuves.

COURTIN ET DESORMEAUX (d'après)

208 — Portraits et sujets. Quatorze pièces par divers graveurs.

Belles épreuves.

COYPEL (d'après Cn.)

209 — *Entre deux moments sans cesse partagée,* — La Coquette. Deux pièces gravées par Lépicié et Surugue.

Belles épreuves.

210 — La Folie pare la Décrépitude des habillements de la Jeunesse, par L. Surugue.

Belle épreuve.

211 — Jeux d'enfants, par Lépicié.

Belle épreuve.

CREPY (chez)

212 — La Suivante commode.

Très belle épreuve.

CROUSEL (A Paris chez)

213 — Le Retour des spectacles. Gravure in-4, pour les contes de La Fontaine.

Belle épreuve.

DABOS (d'après)

214 — Le Lever, — Le Coucher. Deux pièces faisant pendants gravées par Massole.

Belles épreuves, marges.

DANLOUX (d'après)

215 — Ah! si je te tenais, — Je t'en ratisse. Deux pièces faisant pendants, gravées par Beljambe.

Très belles épreuves, marges; plus, les deux mêmes sujets gravés en contre-partie, avec vers en bas. Quatre pièces.

DARCIS (L.)

216 — La Voluptueuse, pièce in-fol. de forme ovale.

Très belle épreuve avant toutes lettres.

DAVEN (L.)

217 — Une femme nue portée malgré elle par deux autres femmes vers un satyre qui est assis sur un lit. (B. 66). Le pendant du sujet précédent. (B. 67). Deux pièces.

Belles épreuves. Rares.

DAVESNE (d'après)

218 — La Coquette Sophie, par Voyez junior.

Très belle épreuve, coloriée.

DAVID (A.-F.)

219 — La Promesse du retour, d'après Tischebien.

Belle épreuve.

DE LAUNEY DE BAYEUX (d'après)

220 — Offrande à saint Nicolas, par J. Mathieu.

Très belle épreuve avant toutes lettres.

221 — La même estampe.

Très rare épreuve avant la lettre. La figure de saint Nicolas est remplacée par la statue de la Liberté.

DENY (chez)

222 — La Trahison du miroir.

Très belle épreuve, marge.

DEPEUILLE (A Paris chez)

223 — L'Héroïne du Jardin-Egalité.

Très belle épreuve, marge.

DESHAYES (d'après)

224 — La Fidélité surveillante, par Hemery.
Superbe épreuve avant la lettre, marge.

225 — La Résistance, par B. A. Nicollet.
Très belle épreuve, marge.

DESPLACES (L.)

226 — Diane au bain, d'après Carle Maratte.
Belle épreuve, marge.

DESRAIS (d'après)

227 — Voltaire couronné par Mme Vestris, par Dupin.
Belle épreuve.

228 — L'agréable surprise.
Belle épreuve.

229 — Avant — Après — Comme on fait son lit on se couche.
Très belle épreuve.

DESRAIS ET COTIBIER (d'après)

230 — La Nièce du curé de mon village, — La Servante du curé de mon village. Deux pièces faisant pendants, gravées par Beurlier.
Très belles épreuves.

DETROY (d'après)

231 — Jeune femme lisant une lettre, par J. Chereau.
Très belle épreuve.

232 — Jeune femme prenant son chocolat, par J. Chereau.
Belle épreuve.

233 — Jupiter en pluie d'or, par J. Daullé.
Belle épreuve.

DICKINSON (W.)

234 — Portraits de deux jeunes femmes en buste, gravés à la manière noire, d'après Peters et Nixon. Deux pièces faisant pendants.
Superbes épreuves avant la lettre, grandes marges.

DICKINSON (W.)

235 — Portrait de la princesse de Talleyrand-Périgord, née Grant, représentée en pied, d'après Gérard, grand in-fol. en manière noire.

Belle épreuve.

DIETRICY (d'après)

236 — Les Amants surpris, par J. Glairon-Mondet.

Superbe épreuve avant la lettre, toutes marges.

DIVERS

237 — Le Père Girard et la belle Cadière, — La Prouvision échapée. Quatre pièces en noir et coloriées.

238 — Portraits et pièces historiques relatives à Napoléon Ier. Quatorze pièces.

DOUBLET (d'après)

239 — Lucile, — Rosette. Deux pièces faisant pendants, gravées par J. N. Boillet.

Très belles épreuves, dont une imprimée à la sanguine.

DROYER

240 — Le Bosquet dangereux.

Superbe épreuve, avec marge. Rare.

DUCHÉ (d'après)

241 — La Chambre de M. de Voltaire à Ferney.

Superbe épreuve avant la lettre, marge.

DUFLOS

242 — Les Sens et autres sujets. Neuf pièces.

Très belles épreuves.

DUGOURE (J.-D.)

243 — Offrande à Vénus, d'après Netscher.

Très belle épreuve avant la lettre.

DUGOURE (d'après)

244 — Roxelane, par Le Beau.

Très belle épreuve.

DUMESNIL ET LE BOUTEUX (d'après)

245 — L'Enfileur, — Le Berger curieux. Deux pièces gravées
par Dupuis et Poilly.

> Belles épreuves.

DUMONCHEL (d'après)

246 — Le Bain, — Le Nourrisson. Deux pièces gravées par
P. Dupin.

> Très belle épreuve.

DUPIN

247 — Les Embarras du ménage.

> Bonne épreuve.

DUPLESSIS

248 — La Révolution française, — A la nation française, les
Protestans reconnaissans. Deux pièces faisant pendants,
avec légendes en bas.

> Très belles épreuves. Rares.

249 — Le Triomphe de Voltaire. Grande pièce en largeur avec
légende en bas.

> Belle épreuve.

DUPLESSIS-BERTAUX (d'après)

250 — L'Instant de la gaieté, — La Perte irréparable, —
La Réflexion tardive, — La Chambrière instruite. Suite
de quatre pièces coloriées.

> Très belles épreuves, marges.

251 — Le Marché conclu, — La Fille mal payée. Deux pièces
faisant pendants.

> Très belles épreuves, marges.

252 — Sujets tirés des tableaux de la Révolution. Trois pièces.

> Très belles épreuves avant toutes lettres, non terminées; marges.

EARLOM (R.)

253 — The Tenth of August 1793. Grande pièce en manière
noire, d'après Zoffany.

> Belle épreuve.

ÉCOLE FRANÇAISE DU XVIIIᵉ SIÈCLE

254 — Le Diable en enfer, pour les contes de La Fontaine,
pièce gravée à l'eau-forte, sans nom d'artiste. In-4.

> Superbe épreuve. Très rare.

255 — Les Effets du magnétisme... animal, — Magnétisme
animal, — Les Folies, — Le Mesmérisme confondu.
Quatre pièces.

> Belles épreuves.

256 — La Galerie du Jardin des plantes. Pièce rare.

> Très belle épreuve avant toutes lettres, marge.

257 — Jeune femme endormie sur un canapé, un jeune
homme près d'elle la regarde. Pièce avant toutes lettres.

> Superbe épreuve.

258 — Le Jeune ménage.

> Belle épreuve avant la lettre, marge.

259 — Un moine dans sa cellule, et une jeune femme qui re-
met ses vêtements. Pièce in-4.

> Très belle épreuve avant toutes lettres.

260 — Promenade au jardin des Tuileries. Les personnages
ont des figures d'animaux.

> Très belle épreuve avant la lettre.

261 — Les Soldats au cabaret. Pièce gravée au pointillé.

> Épreuve sans marge.

262 — La Vieillesse, — L'Age viril, — Philis surprise au
bain, — Le Jeu de Colin-maillard, — La Cuisine, — La
Nourrice, — Le Dîner interrompu, — Le Concert amoureux, — Le Vieillard curieux, etc. Quatorze pièces in-8.

> Belles épreuves. Rares.

263 — La Propreté de Simone, — L'Accouchement de Simone, — Les Fanfares de la chase. — Le Porteur des
presans de la chase, — Il retail sa femme pour la rabon-
nir, — Ha il fait mon portrais. Suite de six pièces.

> Belles épreuves.

ÉCOLE FRANÇAISE DU XVIIIᵉ SIÈCLE

264 — Delphine, — Le Retour trop précipité, — La Rencontre
dangereuse, — La Famille en goguette, — L'Amant heureux, etc. Douze pièces d'après Baudouin, Lavreince, Si-
cardi, Loutherbourg.

265 — Compositions pour dessus de tabatières et autres.
Vingt-sept pièces.
> Très belles épreuves.

266 — Belle réunion d'estampes en noir et en couleur, d'après
différents maîtres. Vingt-six pièces.

ÉCOLE ANGLAISE

267 — Mʳˢ Yarborough, — Domestich employment Ironing,
— Portrait de femme. — Trois pièces gravées à la ma-
nière noire, par Blackmore, Smith et Daws, d'après
Kneller, Moreland et Hals.
> Belles épreuves.

ÉCOLE HOLLANDAISE

268 — La Nonchalante, — Le Procureur zélé, — La Belle rê-
veuse, — Les amoureux hollandais, — Le Magister hollandais. — Actéon métamorphosé en cerf, etc., etc. Treize
pièces d'après Schalken, Ostade, Terburg, etc.

269 — Tarquin et Lucrèce, — La Prisonnière, — Héloïse et
Abélard, — Le Peintre et son modèle, — La Toilette, etc.
Onze pièces gravées en partie à la manière noire, d'après
Mortimer, Cosway, Ochtervelt, Schalcken et Paul Véro-
nèse.

270 — Mars et Vénus, — Les Amours des dieux, etc. Sept
pièces, par Sadler, E. Vico, Lelu, Goltzius, Persyn, etc.

EISEN (d'après Cɴ.)

271 — La Vertu sous la garde de la Fidélité, — Les Désirs sa-
tisfaits. Deux pièces faisant pendants, gravées par Le Beau
et Patas.
> Très belles épreuves.

272 — Les Délices de la vie champêtre, par de Ghent.
> Belle épreuve.

EISEN (d'après F.)

273 — L'Optique, — L'Espièglerie. Deux pièces gravées par B. L. Henriquez.

Belles épreuves.

274 — La Sultane reconnaissante, par Macret.

Belle épreuve.

E. L S. (d'après)

275 — L'Amour châtié par sa mère. Pièce publiée chez Massard.

Très belle épreuve.

ESNAUTS ET RAPILLY (A Paris chez)

276 — Le Triomphe de la coquetterie. Pièce curieuse sur les coiffures.

Très belle épreuve. Rare.

277 — La Brillante toilette de la déesse du goût, — Ridiculous taste or the ladies absurdity. Deux pièces sur les coiffures.

FALCK (J.)

278 — La Maison de filles, soldats et courtisanes, d'après Lys.

Très belle épreuve avant la lettre, marge.

279 — La Vieille coquette.

Superbe épreuve avant toutes lettres, marge.

FERDINAND (A Paris chez)

280 — Le Marié et la mariée, farce représentée à l'hôtel de Bourgogne, — Les Proverbes du temps, — Histoire en proverbes, — Vente publique des filles, — La Loterie des amoureux, — A la grande confrérie, — La Folie des hommes ou le monde à rebours, — Tableau de l'industrie ou le moyen d'avoir de l'argent sans rien faire, — L'Arcenal d'amour, etc., etc. Quatorze pièces sur les mœurs et costumes du XVIIe siècle.

Rares.

FORSTER (F,)

281 — Les trois Grâces, d'après Raphaël.

Belle épreuve.

FORTIER

282 — Le Café politique. Gravé à l'eau-forte.

Belle épreuve, sans marge.

283 — Veux-tu monter, mon bel homme?... je suis bien aimable, bien complaisante. Petite pièce rare, représentant les galeries du Palais-Royal.

Belle épreuve.

FOURNIER (d'après)

284 — L'Heure désirée, par Chaponnier.

Superbe épreuve avant la lettre, marge.

FRAGONARD (H.)

285 — L'Armoire.

Superbe épreuve avant l'adresse de Naudet.

FRAGONARD (d'après H.)

286 — Le Baiser à la dérobée, par N. F. Regnault.

Très belle épreuve.

287 — Le Baiser amoureux, — Le Baiser dangereux. Deux pièces.

288 — La Chemise enlevée, par Guersant.

Superbe épreuve, grandes marges.

289 — Le Chiffre d'amour, par N. D. Launay.

Très belle épreuve.

290 — Les Désirs de l'amour accomplis. Sans nom d'artiste.

Très belle épreuve, marge.

291 — La Fontaine d'amour, par N. F. Regnault.

Belle épreuve.

292 — Le Faiseur d'oreilles et le Raccommodeur de moules. Gravure in-4 avec bordure, sans nom d'artiste, pour les contes de La Fontaine.

Très belle épreuve. Rare.

FRAGONARD (d'après lui.)

293 — La Gageure des trois commères (scène du lit), — Joconde (scène du lit), — A femme avare, galant escroc. — Le Savetier, quatre pièces.

> Très belles épreuves, dont une avant la lettre.

294 — Le Poirier enchanté.

> Superbe épreuve avant toutes lettres.

295 — La Gimblette, par Bertonnier.

> Superbe épreuve avant toutes lettres et avant la draperie.

296 — La même estampe.

> Très belle épreuve avant toutes lettres, avec la draperie.

297 — Les Hazards heureux de l'Escarpolette, par de Launay.

> Très belle épreuve de la planche ovale.

298 — La même estampe.

> Épreuve avec la lettre grattée et le principal groupe caché par un sujet dessiné et collé dessus.

299 — Invocation à l'Amour. Gravé au pointillé, sans nom d'artiste.

> Superbe épreuve avant toutes lettres, marge.

300 — Ma chemise brûle !... par L. D'Iurcy.

> Très belle épreuve.

301 — Les Pétards, — Les Jets d'eau. Deux pièces gravées par Auvray.

> Belles épreuves avant les vers.

302 — Le Sacrifice de la rose, par Gérard.

> Belle épreuve avant la lettre.

303 — Le Serment d'amour, par J. Mathieu.

> Superbe épreuve.

304 — S'il m'était aussi fidèle, par Dennel.

> Superbe épreuve, toutes marges.

305 — *Spirat adhuc Amor*. Petite pièce gravée à l'aquatinte par Saint-Non.

> Superbe épreuve, sans marge.

FRAGONARD (d'après H.)

303 — Le Verre d'eau, par Ponce.

> Très rare épreuve avant la lettre, non terminée, sans marge

307 — Le Verrou, par Blot.

> Très belle épreuve avant la dédicace, remargée.

FRAGONARD ET BOREL (d'après)

308 — La Cachette découverte, — J'y passerai. Deux pièces faisant pendants, gravées par R. de Launay.

> Très belles épreuves, une est remargée.

FRAGONARD (d'après A.)

309 — Le Triomphe de la liberté, par Copia.

> Superbe épreuve avant la lettre, grande marge.

FREUDEBERG ET AUBRY (d'après)

310 — La Gaîté conjugale, — l'Abus de la crédulité. Deux pièces gravées par N. De Launay.

> Belles épreuves.

FREUDEBERG (d'après S.)

311 — Le Petit jour, par N. de Launay.

> Très belle épreuve.

312 — Les Mœurs du temps, par Ingouf.

> Très belle épreuve avant que la planche ait été réduite.

313 — La Complaisance maternelle, par N. De Launay.

> Très belle épreuve.

314 — Lison dormoit, par P. H. Trière.

> Très belle épreuve.

315 — L'Événement au bal. Gravé à l'eau-forte par Duclos et terminé par Ingouf.

> Très belle épreuve.

316 — La Promenade du matin, par Lingée.

> Très belle épreuve avant le numéro.

317 — La Promenade du soir, par Ingouf.

> Très belle épreuve.

FREUDEBERG (d'après S.)

318 — La Soirée d'hiver, par Ingouf.

Très belle épreuve.

319 — La Toilette, par Voyez l'aîné.

Très belle épreuve.

320 — La Visite inattendue, par Voyez l'aîné.

Superbe épreuve avant le numéro.

FRYBERG (d'après)

321 — Les différents goûts, — La Chute inévitable. Deux pièces faisant pendants, gravées par Delaunay.

Belles épreuves.

GARNERAI (d'après)

322 — La Jarretière, par Michault et Legrand.

Superbe épreuve avant la lettre, marge.

GAULE (d'après)

323 — Femmes d'aujourd'hui, femmes d'autrefois, par Ch. Bourtrois.

Belle épreuve, marge.

GERARD (d'après Mlle)

324 — L'heure du rendez-vous, par H. Gérard.

Bonne épreuve.

325 — Le Retour de la promenade, — Jeune femme assise. Deux pièces gravées par Maradam et H. Gérard.

Belles épreuves; une est avant la lettre.

GERMAIN (d'après P.)

3.6 — Le 76me régiment de ligne retrouvant ses drapeaux dans l'Arsenal d'Inspruck, par Madénier.

Belle épreuve.

GHEYN (J. DE)

327 — Actéon changé en cerf, d'après Th. Bernard.

Très belle épreuve.

GILLOT (Claude)

328 — Scènes de Diableries. Deux pièces. — Le Mariage. Trois pièces.

Très belles épreuves, marges.

GREEN (V.)

329 — Jupiter et Léda, d'après Willison, en manière noire.

Belle épreuve avant la lettre.

330 — A Winters tale, d'après Opie, en manière noire.

Belle épreuve avant la lettre.

GREENWOOD

331 — Vénus et Cupidon. Pièce rare, gravée à la manière noire.

Superbe épreuve avant la lettre, marge.

GREUZE (d'après J.-B.)

332 — La Cruche cassée, par J. Massard.

Très belle épreuve.

333 — La Laitière, par J.-C. le Vasseur.

Très belle épreuve.

334 — L'Oiseau mort, par J.J. Flipart.

Très belle épreuve.

335 — La Paresseuse, par P. E. Moitte.

Superbe épreuve avant la lettre, marge.

336 — La Pelotonneuse, par Flipart.

Très belle épreuve.

337 — Le Tendre désir, — La Voluptueuse. Deux pièces gravées par Gaillard.

Très belles épreuves.

338 — La Vertu chancelante, par J. Massard.

Très belle épreuve.

339 — La Vraie mère.

Très belle épreuve, marge.

GUERAIN (d'après)

340 — Le Trente un, ou la maison de prêts sur nantissement, par L. Darcis.

Belle épreuve.

GUERARD (chez)

341 — Le Meunier curieux, — Le Fardeau des pères. — Les Folies amoureuses. — Testament à la mode et deuil joyeux, — Le Bon Ménage, — Le Cotillon, — Mariage à la Mode, — La Besace, — Folie du temps etc. Dix pièces.

GUERIN (Chr.)

342 — *La Fayette* (Marie-Paul, Joseph Roch-Yves, Gilbert Mottier), d'après Weyler. in-fol.

Belle épreuve.

GUERIN (d'après F.)

343 — Qu'en pensez-vous, — Les Plaisirs interrompus, Deux pièces faisant pendants, gravées par Rom. Girard.

Très belles épreuves.

HILAIR (d'après J.-B.)

344 — L'Anthropophage, par J. Mathieu.

Belle épreuve, marge.

HODGES (C.-H.)

345 — La Marche de Silène, d'après Rubens.

Très belle épreuve avant la lettre.

HOGARTH et TROOST

346 — Quinze pièces de l'œuvre de ces deux maîtres.

Belles épreuves.

HOIN (d'après)

347 — Le Prélude amoureux, — L'Ecueil de la Sagesse. Deux pièces faisant pendants, gravées par De Monchy.

Superbes épreuves, toutes marges.

HUBER

348 — Traité du sublime. Pièce curieuse gravée à l'eau-forte, sur le Harras de Voltaire.

Belle épreuve.

IMBERT (d'après F.)

349 — La Curieuse, par C. F. Letellier.

Très belle épreuve, marge.

350 — La même estampe.

Épreuve avant la lettre, coloriée.

INCROYABLES

351 — Ah ! quelle antiquité, oh ! quelle folie que la nouveauté, par Chataignier.

Belle épreuve.

352 — L'Anarchiste, Je les trompe tous deux, d'après Petit,

Très belle épreuve.

353 — L'Anglomane. Gravé par Darcis, d'après C. Vernet.

Très belle épreuve, marge.

354 — Arrivée des remplaçants (1814).

Très belle épreuve avant toutes lettres, marge.

355 — Le Contraste. Gravé par Auvray, d'après Le Clerc.

Très belle épreuve, grande marge.

356 — Les Croyables actifs du Palais ci-devant Royal.

Très belle épreuve.

357 — Les Croyables au Tripot.

Belle épreuve.

358 — Les Croyables au Pérou, par Tresca.

Belle épreuve.

359 — La Danse des Croyables du temps passé.

Très belle épreuve, marge.

360 — Faites la paix, par Levilly.

Très belle épreuve, marge.

INCROYABLES

361 — L'Inconvénient des perruques, par Darcis, d'après
C. Vernet.

Très belle épreuve.

362 — Les Incroyables, par Darcis, d'après C. Vernet.

Très belle épreuve, marge.

363 — Les Merveilleuses, par Darcis, d'après C. Vernet.

Belle épreuve.

364 — L'Oracle consulté, par Guyard.

Très belle épreuve, marge.

365 — Pauvre rentier ruiné, Merlan à frire-à-frire, par
J. L. Julien.

Belle épreuve.

366 — Les Payables, par Darcis.

Belle épreuve, sans marge.

367 — La Pièce curieuse, par Darcis, d'après Boilly.

Belle épreuve.

368 — Point de convention, par Tresca.

Très belle épreuve.

369 — La Rencontre des incroyables, par Ruotte, d'après
Bunbury.

Très belle épreuve, marge.

370 — La Rencontre des merveilleuses, d'après Banbini.

Bonne épreuve, sans marge.

371 — Le Riche du jour ou le prêteur sur gages, par
J.-L. Julien.

Très belle épreuve.

372 — La Science du jour.

Belle épreuve.

ISABEY (d'après)

373 — Le Départ, — Le Retour. Deux pièces faisant pendants.
gravées par Darcis.

Très belles épreuves, dont une avant la lettre, avec grandes marges.

JAMONT (d'après)

374 — L'Incomparable Cerf du nord nommé Azor, par Billet.
Belle épreuve.

JEAURAT (d'après)

375 — Enlèvement de Police, par Cl. Duflos.
Très belle épreuve.

376 — Le Transport des filles de joye à l'hôpital, par Winckler.
Belle épreuve.

377 — Diane au bain, par Dupin.
Belle épreuve.

378 — La Vieillesse, par Lépicié.
Très belle épreuve, marge.

JEUX (Pièces sur les)

379 — Jeu de la Révolution française. Le dernier numéro représente une séance de l'assemblée nationale.

380 — Le Nouveau jeu des modes françaises. Pièce très curieuse avec costumes et coiffures.
Très belle épreuve. Rare.

381 — Nouveau jeu des théâtres de Melpomène, Momus et Thalie, — Le Grand jeu des danseurs de corde, sauteurs et voltigeurs. Deux pièces publiées chez Basset.
Belles épreuves.

382 — Le Jeu universel de l'industrie humaine, — Nouveau jeu brûlant des cris de Paris, de ses faubourg et environs, Nouveau jeu des cris de Paris. Trois pièces.

383 — Le Prix de Sagesse ou la fontaine en jeu. Pièce curieuse et rare où sont représentés 63 sujets des fables de La Fontaine, publiée chez Demonville.
Très belle épreuve, marge.

384 — Sous ce numéro il sera rendu un lot de jeux divers. Vingt-cinq pièces.

KAUFFMAN (d'après A.)

385 — Jeune femme en buste, coiffée d'un grand chapeau, par Ruotte.

Très belle épreuve.

KEATING (G.)

386 — Piété filiale, d'après Jordaens, en manière noire.

Très belle épreuve.

KIMLI (d'après)

387 — L'Espoir du retour, par P. A. Tardieu.

Belle épreuve.

KRAUS (A.)

388 — La Toilette de la sultane.

Très belle épreuve avant toutes lettres.

389 — La Vente des esclaves.

Belle épreuve.

KRAUS (d'après G.-M)

390 — Le Chaudronnier, par A. de Buigne.

Belle épreuve.

LABELLE (E. de)

391 — Compositions sur la mort; dans le fond, la vue du Charnier des Innocents. Quatre pièces.

LA FONTAINE (Illustrations pour les contes de)

392 — *Boucher (d'après)*. Le Calendrier des vieillards, par de Larmessin.

Très belle épreuve avant l'adresse de Buldet.

393 — La Courtisane amoureuse, par de Larmessin.

Très belle épreuve avant l'adresse de Buldet, marge.

394 — *Divers*. Le Savetier, — Le Cas de Conscience. — Le fleuve Scamandre, — La Jument du compère Pierre. Quatre pièces.

Belles épreuves, sans marge.

LA FONTAINE (Illustrations pour les contes de)

395 — *Eisen (d'après Ch.)* Le Gascon, par Tardieu.
Très belle épreuve.

396 — *Lancret* (d'après). La Coquette de village, par de Larmessin.
Très belle épreuve avant l'adresse de Buldet, marge.

397 — Les Deux amis, par N. de Larmessin.
Très belle épreuve avant l'adresse de Buldet.

398 — Le Faucon, par de Larmessin.
Très belle épreuve avant l'adresse de Buldet, marge.

399 — Le Gascon puni, par de Larmessin.
Très belle épreuve avant l'adresse de Buldet, marge.

400 — Nicaise, par De Larmessin.
Belle épreuve avant l'adresse de Buldet.

401 — On ne s'avise jamais de tout, par de Larmessin.
Belle épreuve avant l'adresse de Buldet.

402 — Les Remois, par de Larmessin.
Très belle épreuve avant l'adresse de Buldet, marge.

403 — La Servante justifiée, par de Larmessin.
Belle épreuve avant l'adresse de Buldet.

404 — Les Troqueurs, — Les Oyes de frère Philippe. Deux pièces gravées par de Larmessin.
Belles épreuves avant l'adresse de Buldet.

405 — *Laurrin (d'après)*. L'Anneau de Hans Cravel, par Aveline.
Très belle épreuve.

406 — *Le Clerc* (d'après). Le Faiseur d'oreilles et le racommodeur de moules, par de Larmessin.
Très belle épreuve avant l'adresse de Buldet.

407 — *Legrand (Aug.)*. Le Bat.
Belle épreuve, doublée.

408 — Le Rossignol.
Belle épreuve.

LA FONTAINE (Illustrations pour les Contes de)

409 — *Le Mesle*. La Clochette, par Fillœul.
Belle épreuve, avec l'adresse de de Larmessin.

410 — Le Cuvier, par Seinvork.
Belle épreuve.

411 — *Vleughels* (*d'après*). Le Bast, par de Larmessin.
Belle épreuve avant l'adresse de Buldet.

412 — Frère Luce, par De Larmessin.
Très belle épreuve avant l'adresse de Buldet.

413 — La Jument du compère Pierre, par de Larmessin.
Belle épreuve avant l'adresse de Buldet.

414 — Le Villageois qui cherche son veau, par de Larmessin.
Belle épreuve avant l'adresse de Buldet.

LAGRENÉE (d'après)

415 — Térésias aveuglé des appas de Minerve, par Dennel.
Très belle épreuve avant la lettre.

416 — Translation de Voltaire au Panthéon français, par
Miger.
Belle épreuve.

LANCRET (d'après N.)

417 — Le Berger indécis, par J. Tardieu.
Très belle épreuve, marge.

418 — L'Enfance, — La Jeunesse, — L'Adolescence, — La
Vieillesse. Quatre pièces gravées par de Larmessin.
Belles épreuves.

419 — La Galante fille. Deux compositions différentes, gravées
en couleur par Haid.
Très belles épreuves, marges.

420 — Le Matin, — Le Midi, — L'Après-Dinée, — La
Soirée. Suite de quatre pièces gravées par de Lar-
messin.
Très belles épreuves.

LANCRET (d'après N.)

421 — Le Printemps, — L'Eté, — L'Automne , — L'Hyver.
Suite de quatre pièces gravées par N. de Larmessin.

Très belles épreuves.

LANTARA et CLEMENTI (d'après)

422 — Profitons du moment, — Le Mal sans remède. Deux
pièces gravées par E. Claris.

Belles épreuves; une est avant la dédicace.

LAVREINCE (d'après N.)

423 — Les Apprets du ballet, par Tresca (E. B. 4).

Superbe épreuve avant la lettre, marge.

424 — La Balançoire mystérieuse, par Vidal.

Très belle épreuve avec le mot Gravé, écrit Gravée.

425 — Le Billet doux, — Qu'en dit l'abbé? Deux pièces faisant pendants, gravées par N. de Launay (10 et 51).

Superbes épreuves, toutes marges.

426 — Le Coucher des ouvrières en modes, par Dequevauviller (16).

Superbe épreuve, marge.

427 — Le Déjeuner anglais, par Vidal (17).

Très belle épreuve.

428 — Les deux jeux, par Egairam (18).

Très belle épreuve d'une pièce rare, doublée.

429 — L'Heureux moment, par N. de Launay (28).

Très belle épreuve.

430 — L'Innocence en danger, par Caquet (31).

Superbe épreuve, marge.

431 — Le Lever des ouvrières en modes, — L'Ecole de danse.
Deux pièces gravées par F. Dequevauviller.

Très belles épreuves, remargées.

432 — Le Lever des ouvrières en modes. Réduction in-4, imprimée en bistre.

Très belle épreuve. Rare.

LAVREINCE (d'après)

433 — La Marchande à la toilette, par Vidal (37).

Très belle épreuve.

434 — Les Nymphes scrupuleuses, par Vidal (42)·

Superbe et très rare épreuve avant toutes lettres et avant la guirlande de fleurs.

435 — Le Restaurant, par Deni (53).

Superbe épreuve, grande marge.

436 — Le Roman dangereux, par Helman (56).

Très belle épreuve, grandes marges.

437 — La Sentinelle en défaut, par Darcis (58).

Belle épreuve.

438 — Les Soins mérités, par de Launay (60).

Superbe épreuve.

439 — La Soubrette confidente, par Vidal (31).

Très belle épreuve.

440 — Valmont and Emélie, — Miss Merteuil, and miss Cécile Volange. Deux pièces gravées par Romain Girard.

Très belles épreuves.

441 — The Green plot, — The Grove. Deux pièces faisant pendants (E. B. app. 10).

Superbes épreuves, grandes marges ; la seconde n'est pas décrite.

LAVREINCE (Attribué à)

442 — La Soirée du Palais-royal, par Caquet.

Superbe épreuve, grandes marges.

L. C. T.

443 — Le Joueur, d'après D. C.

Belle épreuve, marge.

LE BARBIER (d'après)

444 — Le Mari dupe et content, par Patas.

Très belle épreuve, marge.

445 — Le pendant du numéro précédent.

Superbe épreuve avant la lettre, marge.

LE BARBIER (d'après)

446 — La Mort du général Marceau. Gravé par Ingouf.
Belle épreuve.

447 — Intérieur d'un bain turc, par de Launay.
Très belle épreuve avant la lettre, marge.

LE BEAU

448 — La Sollicitation amoureuse.
Très belle épreuve.

LE BEL (d'après)

449 — Elle est prise, par V. Pillement et Niquet.
Belle épreuve avant la lettre.

450 — La Fidélité en défaut, par Hemery.
Belle épreuve.

LE BOUTEUX (d'après)

451 — L'Amant consolateur, — L'Amant pressant. Deux pièces faisant pendants, gravées par Demonchy.
Très belles épreuves, marge.

LEBRUN (d'après Mme Vigée)

452 — Vénus liant les ailes de l'amour, par Schultz.
Très belle épreuve avant la lettre.

453 — Mme Lebrun tenant sa fille dans ses bras, par Avril.
Belle épreuve, sans marge.

LEBRUN (d'après)

454 — L'Epouse mal gardée ou le mariage à la mode, par Dambrun.
Très belle épreuve.

LEGRAND (Aug.)

455 — L'Education du chevalier de Faublas, par la marquise de B...
Très belle épreuve, marge.

456 — Apothéose de Voltaire, d'après Dardel.
Belle épreuve.

LELU (P.)

457 — Les Amis de la Constitution aux mânes de Mirabeau, mort le 2 avril 1791. Grande pièce allégorique, gravée à l'eau-forte; en bas, comme armoiries, le portrait de Mirabeau.

> Superbe épreuve, toutes marges.

LE MOINE (d'après)

458 — Hercule et Omphale, par L. Cars.

> Belle épreuve.

459 — Iris entrant au bain, par Laurent Cars.

> Très belle épreuve, marge.

LEMPEREUR (L.)

460 — L'Attente du plaisir, d'après Titien,

> Superbe épreuve avant la dédicace.

461 — Le Sommeil, par Romanet, d'après Titien.

> Très belle épreuve, marge.

462 — Le Jardin d'amour, — Le Festin espagnol. Deux pièces faisant pendants, d'après Rubens.

> Belles épreuves.

LE NAIN (d'après)

463 — Le Marchand de cornes aux maris, par F. Hubert.

> Très belle épreuve avant la lettre.

LENOUR (F.)

464 — L'Amour vaincu par l'avarice. Pièce de forme ovale.

> Belle épreuve, sans marge.

LE PRINCE (d'après)

465 — Les Modèles, par J. de Longueil.

> Très belle épreuve avant la lettre.

LERPINIÈRE (D.)

466 — Le Passage du ruisseau, d'après Loutherbourg.

> Très belle épreuve avant la lettre.

LERPINIÈRE (D.)

467 — Les Israélites adorant le veau d'or, d'après Claude Lor-
rain.

Très belle épreuve avant la lettre.

LEROY (d'après)

468 — Il est encore temps, par Armeno, élève de Porporati.

Belle épreuve.

LEVACHEZ

469 — Entrée des souverains alliés à Paris, en 1814.

Superbe épreuve avant toutes lettres.

LEU (TH. DE)

470 — Le Pourtraict de l'homme de bien. — Le Pourtraict de
l'homme du temps. Deux pièces avec légende, publiées
chez Jean Leclerc.

Très belles épreuves. Rares.

LYON (d'après JAC. DE)

471 — La Marmotte, par J. B. Guelard.

Belle épreuve, marge.

MALLET

472 — Le Culte naturel. Gravé à l'eau-forte par Mallet.

Superbe épreuve. Rare.

MALLET (d'après)

473 — Chit Chit!... — Par ici. Deux pièces gravées par
Copia.

Très belles épreuves.

474 — Le Jeux de l'amour, par Beljambe.

Très belle épreuve.

475 — Je m'occupais en attendant, par Romain Girard.

Belle épreuve.

MARCHAND

476 — L'Heureux moment.

> Superbe épreuve, avec marge. Rare.

MARK (Q.)

477 — Coiffures. Suite de six pièces avec quatre sujets sur une même feuille.

> Très belles épreuves.

MARILLIER (d'après)

478 — Pigmalion et Galatée, par Avril.

> Belle épreuve.

MARTINI

479 — The exhibition of the Royal academy 1787, d'après Ramberg.

> Superbe épreuve avant la lettre, lettres tracées.

480 — Coup d'œil exact de l'arrangement des peintures au salon du Louvre, en 1785. Gravé de mémoire et terminé durant le temps de l'exposition.

> Très belle épreuve.

481 — Exposition au salon du Louvre en 1787.

> Très belle épreuve.

MERCIER (d'après)

482 — Le Jeune éveillé, par J.-J. Avril.

> Belle épreuve, marge.

483 — Le Matin — Le Soir, — La Nuit. Trois pièces gravées à la manière noire par Houston.

> Très belles épreuves.

484 — Portraits et sujets gravés à la manière noire par Faber, Ardell. Huit pièces.

> Très belles épreuves.

MICHEL et LUCAS

485 — La Belle impatiente, — Iris inquiète. Deux pièces d'après Verkolie et Burg.

> Belles épreuves, marges.

MIERIS (d'après)

486 — Jeune Femme en Buste, coiffée d'un chapeau, tenant un chien dans ses bras, par L. Guyot.

Très belle épreuve avant la lettre.

MIXELLE

487 — Le Roman, d'après Garneret.

Très rare épreuve avant toutes lettres, à l'état d'eau-forte.

MOITTE (d'après)

488 — Le Consommé, par Deny.

Belle épreuve, mais rognée.

489 — L'Écueil de la Sagesse, par Deny.

Belle épreuve.

490 — L'infidélité reconnue, par Dambrun.

Très belle épreuve avant la lettre.

491 — Le Jaloux endormi, par Vidal.

Très belle épreuve.

MONGIN (d'après)

492 — Finis, Perrot! si l'on nous voyait, — Ah! ah! je vous y prends. Deux pièces faisant pendants, gravées par Beljambe.

Superbes épreuves, grandes marges.

MONNET (d'après C.)

493 — Jupiter et Antiope, par Vidal.

Très belle épreuve avant la lettre et la draperie.

494 — Jupiter et Io, par Vidal.

Très belles épreuves avant toutes lettres et avant la draperie.

495 — Renaud et Armide, — Vénus et Adonis. Deux pièces gravées par Vidal.

Belles épreuves, sans marges.

496 — Le Roi d'Ethiopie abusant de son pouvoir, — La Surprise. Deux pièces gravées par Vidal.

Belles épreuves, sans marges.

MONNET (d'après C.)

497 — La Récompense inattendue, par Mme Chevery, pour Joconde, conte de La Fontaine. In-4°.

Très belle épreuve.

MONSALDY et DEVISME

498 — Vue des ouvrages de peinture des artistes vivants exposés au Muséum central des Arts, en l'an VIII, de la République française.

Très rare épreuve avant toutes lettres, non entièrement terminée.

MOREAU (d'après L.)

499 — On y court plus d'un danger, par Germain et Patas.

Superbe épreuve, marge.

MOREAU (J.-M.)

500 — Constitution de l'Assemblée nationale.

Très belle épreuve du premier état, avec les noms des membres composant cette Assemblée.

MOREAU (d'après J.-M.)

501 — Couronnement de Voltaire sur le Théâtre-Français, le 30 mars 1778, après la sixième représentation d'*Irène*, par Gaucher.

Très belle épreuve avec les armoiries.

502 — Le Matin, par un anonyme. Composition intitulée : « l'Ingénue dans les Chansons de La Borde. » In-4°.

Superbe et rare épreuve avant toutes lettres et avant beaucoup de travaux.

503 — La même composition. Gravée en couleur.

Sans marge.

504 — Vue de la plaine des Sablons, par Malbeste.

Belle épreuve.

505 — Quatre en-tête de pages. Gravés par Simonet et Baquoy pour le musée Robillard.

Belles épreuves, dont deux avant le texte au verso.

MOREAU (d'après J.-M.)

506 — La Dame du palais de la reine, par Martini.
Superbe épreuve avant la lettre, marge.

507 — Oui ou non, par N. Thomas.
Superbe épreuve avec les lettres A. P. D. R., marge.

508 — La Petite loge, par Patas.
Très belle épreuve avec les lettres A. P. D. R , marge.

509 — Les Petits parrains, par Baquoy et Patas.
Très belle épreuve avec les lettres A. P. D. R., marge.

510 — Le Rendez-Vous pour Marly, par Guttenberg.
Très belle épreuve avec les lettres A. P. D. R., marge.

511 — Le Vrai bonheur, par Simonet.
Très belle épreuve avant la lettre.

MORLAND (d'après G.)

512 — The Anglers Repost, — A Party, Angling. Deux pièces faisant pendants. Gravées par Ward et Keating.
Très belles épreuves.

MOTES (d'après)

513 — L'Amusement de l'enfance, par Louvet.
Très belle épreuve.

MOUCHET (d'après)

514 — La Ruse d'amour, — Le Larcin d'amour. Deux pièces faisant pendants, gravées par Darcis et Prot.
Superbes épreuves avant toutes lettres, marges.

515 — La Méprise.
Belle épreuve, marge.

MULLER (J.-G.)

516 — Alexandre vainqueur de soi-même, d'après Flinck.
Belle épreuve.

NAUDET

517 — Les Modes passées et présentes. Pièce curieuse gravée à l'eau-forte.

Superbe épreuve. Rare.

518 — La Désolation des filles de joie, — Le Vice forcé dans ses retranchements. Deux pièces faisant pendants, gravées à l'eau-forte..

Très belles épreuves.

519 — *Gueux de Merlan, oh! je le tiens! — S'enfuir en demi-chevelure.* Deux pièces gravées à l'eau-forte, publiées chez Naudet.

Très belles épreuves.

520 — *Sous les fatals ciseaux d'une femme homicide.* Ordonnance de police du 6 novembre 1778. Pièce gravée à l'eauforte.

Très belle épreuve. Rare.

521 — Les Maquerelles punies. Pièce gravée à l'eau-forte.

Très belle épreuve, marge.

NAUDET (d'après)

522 — Vista de la plaza y Corrida de Toros en Madrid, par Le Beau.

Belle épreuve.

NÉE ET MASQUELIER

523 — Le Déjeuné de Ferney, d'après De Non. j

Très belle épreuve, marge.

NEWTON (d'après)

524 — Jupiter et Léda, — The Dreaming Beauty. Deux pièces.

Très belles épreuves.

NEWTON ET WEST (d'après)

525 — Heigh ho! for a husband, — The Love Dream. Deux pièces gravées par Dumée.

Belles épreuves.

4

NIXON (d'après J.)

526 — The bosky magistrate, par Zeigler.

Belle épreuve, marge.

OCTAVIEN (d'après)

527 — *Ce dangereux abbé promène en tapinois*, par Theve-
nard.

Très belle épreuve.

OUDRY (d'après J.-B.)

528 — Le Sérail du Doguin, par J. Daullé.

Belle épreuve.

PARELLE (d'après)

529 — La Belle jambe, par J. Gilbert.

Belle épreuve.

PARVILLÉE (A Paris chez)

530 — Le Cabaret de Mme Ramponneau, — Le Cabaret de
Ramponneau. Deux pièces faisant pendants. Gravées à
l'eau-forte.

Très belles épreuves. Ces deux pièces sont des plus curieuses comme
scènes de mœurs du XVIIIe siècle.

PATER (d'après J.-B.)

531 — L'Essai du bain, par Voyez.

Superbe épreuve avant toutes lettres.

532 — La Feste italienne, — Le Bain. Deux pièces gravées
par Duflos.

Belles épreuves.

533 — Les Plaisirs de la jeunesse, Colin-Maillard, par
Fillœul.

Belle épreuve.

534 — Le Plaisir de l'été, par L. Surugue.

Très belle épreuve, toutes marges.

535 — Cinq pièces pour le Roman Comique de Scaron.
Gravées par Jeaurat, Surugue et Lépicié.

Belles épreuves.

PETERS (d'après W.)

536 — Lydia, par W. Dickinson.
>Très belle épreuve.

537 — La Jeune dévideuse, par Chevillet.
>Belle épreuve.

PETHER (W.)

538 — École de dessin du modèle d'après nature à la lampe, en manière noire, d'après Wrigt.
>Superbe épreuve.

PEYROTTE (d'après)

539 — Le Conseil des singes.
>Belle épreuve.

PICART (B.)

540 — Le Jeu de l'ombre, — Le Jeu du pied-de-bœuf. Deux pièces faisant pendants, gravées en 1700.
>Très belles épreuves.

PRADIER

541 — Raphaël et la Fornarina, d'après Ingres.
>Belle épreuve.

PRUD'HON (d'après P.-P.)

542 — L'Amour rit des pleurs qu'il fait verser, — L'Amour réduit à la raison. Deux pièces gravées par Copia.
>Très belles épreuves; la première est avant la lettre.

543 — Constitution française, par Copia.
>Superbe épreuve avant la lettre, avec les noms d'artistes à la pointe, marge.

544 — La même estampe.
>Belle épreuve avec les armes et la dédicace à l'empereur Napoléon Ier.

545 — Daphnis et Chloé, par Lecomte.
>Très belle épreuve avant toutes lettres, marge.

PRUD'HON (d'après P.-P.)

546 — Jeune homme entre le vice et la vertu, — Jeune fille se défendant des caresses de deux vieillards dont l'un a une tête de Satyre. Deux pièces gravées par B. Roger.

Très belles épreuves avant la lettre.

547 — Innocence et Amour, par Villerey.

Superbe épreuve avant la lettre, marge.

548 — La Loi, — L'Égalité. Deux pièces gravées par Copia

549 — République françoise. En-tête, gravé par Roger.

Très belle épreuve, grandes marges.

550 — La Liberté, par Copia.

Très belle épreuve, marge.

551 — En jouir, par Copia.

Belle épreuve.

552 — La Soif de l'or, par Roger.

Superbe épreuve avant la lettre, marge. Rare.

553 — Couronnement de Racine par Melpomène, — Choisir l'objet, — La Volupté. Quatre pièces, gravures et lithographies, par Marais, Beisson et Aubry le Comte.

PRUDHON?

554 — Le Sort des artistes, Pièce rare, gravée au pointillé, sans noms d'artistes.

Très belle épreuve.

QUEVERDO (d'après J.-M.)

555 — L'Amant chéri.

Très belle épreuve. Rare.

556 — Départ pour le Sabbat, par Maleuvre.

Belle épreuve, marge.

557 — La Fille surprise, — Le dangereux modèle. Deux pièces faisant pendants, gravées par Patas.

Très belles épreuves.

558 — Le Joueur de quille, par Droyer.

Très belle épreuve.

QUEVERDO (d'après J.-M.)

559 — Le Prélude, — l'Amoureux. Deux pièces faisant pendants, gravées par Droyer et Chatelain.

Très belles épreuves.

560 — Le Sommeil interrompu, — Nouvelle du bien aimé. Deux pièces faisant pendants, gravées par Dambrun et Romanet.

Très belles épreuves, marges.

561 — Suite de seize vignettes in-18 pour un Almanach de poche du XVIII° siècle.

Belles épreuves.

562 — Compositions galantes pour dessus de tabatières. Suite de quatre pièces avec vues en bas.

Très belles épreuves.

563 — Charlotte *Corday*, dans un médaillon rond, écrivant à son père. Au bas, la scène de l'assassinat. Gravé par Massol.

Très belle épreuve.

RANSONNETTE

564 — L'Intérieur d'une maison de filles. Pièce curieuse pour les costumes.

Superbe épreuve avant toutes lettres, marge.

RAOUX (d'après J.)

565 — Jeune femme donnant à manger à un oiseau, par Chéreau.

Belle épreuve.

566 — L'Offrande à Priape, par Beauvarlet.

Belle épreuve.

567 — La Jeune coquette. Gravé par Chevillet.

Belle épreuve.

568 — Le Vieillard surveillant, par Voyez.

Belle épreuve.

REGNAULT (N.-F.)

569 — Ah.! s'il s'éveillait !

Belle épreuve, remargée.

570 — Le Matin, — Le soir, — La Nuit. Suite de trois pièces.

Superbes épreuves, grandes marges.

REGNAULT (d'après)

571 — La volupté, par Cazenave.

Très belle épreuve avant la lettre.

572 — La même estampe.

Très belle épreuve en couleur, marge.

RENAUD (d'après J.-B.)

573 — L'Amour s'endormant sur le sein de Psyché, par Beljambe.

Belle épreuve.

REYNOLDS (d'après)

574 — Mercury, par John Dean.

Belle épreuve.

575 — L'homme entre le vice et la vertu. Gravé par Haid, en manière noire.

Belle épreuve.

RHEIN (N.)

576 — Portrait de Mademoiselle *Vigliano* en danseuse, in-fol. en manière noire d'après Stroely.

Superbe épreuve avant la lettre.

ROMANET (A.)

577 -- Dame Julie de Villeneuve Vence de St-Vincent, petite fille de Mme de Sévigné. In-4°.

Très belle épreuve, marge.

ROWLANDSON (T.)

578 — A. Sketch from nature. Pièce publiée par J. R. Smith

Très belle épreuve. Rare.

RUBENS (d'après)

579 — La Dame au chapeau de paille, — Helena forman, — Portrait de Rubens, etc. Quatre pièces gravées par Jonxis, Pether, Elliot et Reynolds.

580 — L'Enlèvement des Sabines, par Martenasie.
Très belle épreuve avant toutes lettres.

581 — Un Satyre et une Nymphe portant une corbeille de raisins, par Alex. Voet.
Très belle épreuve.

RUOTTE ET LECLERC

582 — Le Bœuf à la mode, — La Vache à la mode, — Bœuf à la mode. Trois pièces d'après Lançon et Swagers.
Belles épreuves; une est remargée.

SABLET (d'après)

583 — Le Maréchal ferrant de la Vendée, par Copia.
Très belle épreuve, marge.

SAINT-AUBIN (Aug. de)

584 — Louise Emilie Baronne de ***, — Adrienne Sophie Marquise de ***. Deux pièces faisant pendants.
Superbes épreuves avant les adresses, grandes marges.

585 — Comptez sur mes serments, — Au moins, soyez discret. Deux pièces faisant pendants.
Superbes et très rares épreuves avant la lettre, toutes marges.

585 bis — Le Réfractaire amoureux.
Très belle épreuve, marge.

586 — République française. Médailles, d'après Regnault.
Belle épreuve.

587 — Vénus Anadiomène, d'après Titien.
Belle épreuve, marge.

588 — Jupiter et Léda, d'après Paul Véronèse.
Belle épreuve, marge.

SAINT-AUBIN (d'après Aug. de)

589 — La Comparaison du bouton de rose, par Dennel.

Superbe épreuve avant toutes lettres, marge.

SAINT-JEAN (d'après J. de)

590 — Femme de qualité s'habillant pour coure le Bal, — Femme de qualité déshabillée pour le bain, etc. Trois pièces gravées par Bazin, dont une copie.

Très belles épreuves.

SAVART (P.)

591 — Diane et Endimion, d'après Mantegne.

Belle épreuve.

SAY (W.)

592 — Dorothea, d'après Th. Clarke.

Belle épreuve avec le titre en lettres tracées.

SAYER (R.)

593 — L'Instant de la gaieté.

Belle épreuve.

SCHENAU (d'après)

594 — L'Aventure fréquente, — Le Temps perdu. Deux pièces gravées par L. Halbou.

Très belles épreuves, marge.

595 — Les effets du vin, par B. L. Henriquez.

Superbe épreuve avant la lettre.

596 — Le Fossé de Scrupule, par Louise Gaillard.

Très belle épreuve, marge.

597 — La Lanterne magique. — L'Origine de la peinture ou les portraits à la mode. Deux pièces faisant pendants. gravées par J. Ouvrier.

Très belles épreuves.

SCHENKER

598 — Fanchon la vielleuse, d'après de La Place.

Belle épreuve.

SCHIAVONETTI

599 — Mort de Jean-Paul Marat. Charlotte Corday poignar-
dans Marat sur un canapé, d'après Pellegrini.

Très belle épreuve.

SCHULTZ (C.-G.)

600 — La Jeune ouvrière accablée de sommeil.

Très belle épreuve, marge.

SCHULTZE et Mme A. CROISIER

601 — Bacchante se préparant à un sacrifice, — Le jeune
Faune amoureux. Deux pièces d'après Taraval et Coypel.

Belles épreuves.

SHELLEY (d'après S.)

602 — Euphrosine, — Delia, Deux pièces gravées par Og-
borne et Nutter.

Très belles épreuves.

SICARDI (d'après)

603 — Oh ! che Gusto, — Oh ! che boccone !. Deux pièces gravées par Burke.

Superbes épreuves avec marge ; une est avant la lettre.

SMITH (J.-R.)

604 — The promenade at Carlisle house. 1781

Superbe épreuve, marge.

605 — The Grisset, en manière noire.

Très belle épreuve.

606 — Love in her eye sits playing, d'après W. Peters.

Très belle épreuve.

607 — Une pucelle.

Très belle épreuve, marge.

608 — Ce qui vous plaira.

Superbe épreuve, marge.

609 — Society in solitude.

Belle épreuve.

SMITH (J.)

610 — Les Amours des dieux. Neuf pièces gravées à la manière noire, d'après Le Titien.

Très belles épreuves.

611 — Le Docteur, — Le Cordonnier, — Le Confesseur. Trois pièces gravées à la manière noire, costumes Louis XIV.

Belles épreuves.

STRANGE (R.)

612 — Vénus, — Danaé. Deux pièces faisant pendants, d'après Le Titien.

Très belles épreuves.

613 — Vénus et Adonis, d'après Titien.

Bonne épreuve.

614 — Vénus bandant les yeux de l'Amour, d'après Titien.

Belle épreuve.

615 — Vénus parée par les Grâces, d'après Guido Reni.

Belle épreuve.

SUBLEYRAS (d'après)

616 — Le frère Luce, par Elluin.

Très belle épreuve.

TANCHE (d'après N.)

617 — Le Danger des bosquets, par Le Beau.

Belle épreuve.

TASSAERT

618 — Charlotte Corday. Debout à mi-corps à une fenêtre, coiffée d'un chapeau, d'après Hauer. In-fol.

Superbe épreuve avec la tablette blanche. C'est le portrait annoncé dans le journal de Perlet du 27 juillet 1793.

THEOLON (d'après)

619 — Bacchus et Erigone, par J. Marchand.

Très belle épreuve, marge.

THOMASSIN (H.-S.)

620 — Vénus et l'Amour, d'après Le Brun.

Belle épreuve, marge.

TOUZÉ (d'après)

621 — Les Amusements dangereux, par Voyez le jeune.

Superbe épreuve avant la lettre, toutes marges.

622 — Ah Jarnigoi ! c'en est, par Louise Brinclaire.

Belle épreuve.

623 — Tableau magique de Zemire et Azor, par Voyez le jeune.

Très belle épreuve.

TRINQUESSE (d'après L.)

624 — L'Irrésolution ou la Confidence, par J. Pierron.

Belle épreuve.

TRINQUESSE, VANLOO et SANTERRE (d'après)

625 — La Sortie du bain, — Le Coucher, — Susanne au bain. Trois pièces gravées par Lempereur et Porporati.

Bonnes épreuves.

TROUVAIN (A Paris chez)

626 — La Foire de Beson. Pièce curieuse avec légende en bas.

Très belle épreuve. Rare.

VALET (d'après)

627 — Ques-la, par Aug. Le Grand.

Très belle épreuve.

VALLIN (d'après)

628 — Le Désir. — La Jouissance, — Le Repentir. Trois pièces gravées par Bouquet.

Très belles épreuves, marges.

VANGELISTY

629 — La Toilette de Vénus. Pièce de forme ovale.
Belle épreuve.

630 — Le Maréchal de Richelieu, duc et pair de France, représenté en pied, d'après Gault de St-Germain. In-fol.
Très belle épreuve.

VANLOO (d'après Carle)

631 — Les Grâces, par J.-J. Pasquier.
Très belle épreuve, marge.

VERNET (d'après C.)

632 — Proclamation de la République romaine, le 27 pluviôse an VI. Gravé par Delaunay.
Deux épreuves dont une avant toutes lettres, à l'état d'eau-forte.

633 — Course de chars, n° 1, — Un Cheval de course monté par un jockey. Deux pièces gravées par Lefèvre et Gros.
Très belles épreuves, dont une avant la lettre.

634 — Les ennuyés chez eux, Intérieur du café Procope, par Coqueret.
Belle épreuve.

VICTOIRE (d'après E.)

635 — Quel est le plus heureux, par Eléonore (femme) Lefebvre.
Belle épreuve.

VIEN (d'après)

636 — Jeune Circassienne au bain, par Glairon-Mondet.
Belle épreuve.

VOET (A.)

637 — Les Joueurs, d'après Simon de Vos.
Très belle épreuve, marge.

WALKEHEIM (N.)

638 — Vie très croyable des moines.
Très belle épreuve, marge.

WANTOL (d'après)

639 — La Ménagerie hollandaise, par P. G. Langlois.
   Superbe épreuve avant la lettre, marge.

WARD (W.)

640 — The Disaster (Le Désastre), d'après F. Wheathy.
   Superbe épreuve, marge.

641 — The Alpine traveller, d'après Northcote.
   Très belle épreuve, marge.

WATTEAU (d'après Ant.)

642 — L'Amour paisible, par Jac. de Favanne.
   Très belle épreuve.

643 — L'Amour mal accompagné, par Dupin.
   Belle épreuve.

644 — Le Bain rustique, par Ant. Caron.
   Très belle épreuve, toute marge.

645 — La Bonne femme, par L. Aveline.
   Belle épreuve.

646 — Depart pour les Isles, par Dupin.
   Très belle épreuve, marge.

647 — La Diseuse d'aventure, par Cars.
   Superbe épreuve, grandes marges.

648 — L'Indiscret, — Diane au bain. Deux pièces gravées
   par Aubert et Aveline.
   Belles épreuves.

649 — Pomone, par Boucher.
   Très belle épreuve, marge.

650 — Ribotte de Grenadiers, — Effet de la Ribotte. Deux
   pièces faisant pendants, gravées par Beurlier.
   Très belles épreuves.

651 — The Island of Cytherea, par N. M. Picot.
   Très belle épreuve avec le titre en lettres tracées.

WATTEAU (d'après ANT.)

652 — Le même sujet, gravé en plus petit, par Picot, sous le titre de : *Les Plaisirs de l'été.* Colorié.

653 — The Bathers, — Jeune femme entrant au bain. Deux pièces gravées par Aliamet.
> Très belles épreuves, la seconde et avant la lettre.

WATTEAU (d'après L.)

654 — Confédération des départements du Nord, de la Somme, et du Pas-de-Calais, faite à Lille, le 14 juillet 1790, par Helman.
> Très belle épreuve.

WATSON (J.)

655 — Galant lutinant une jeune fille, d'après Morcelse, en manière noire.
> Belle épreuve.

WILKINSON (R.)

656 — The loss of the halsewell East Indiaman, d'après Northcote.
> Belle épreuve.

WILLE (J.-G.)

657 — Petite écolière, d'après Schenau.
> Très belle épreuve.

WILLE (d'après P.-A.)

658 — Les Amusements du jeune âge, par Chevillet.
> Superbe épreuve avant toutes lettres, seulement les noms des artistes tracés à la pointe.

659 — Le Bouton de rose, par Voyez l'aîné.
> Très belle épreuve.

660 — Les Conseils maternels, par L. Lempereur.
> Très belle épreuve, marge.

661 — La Curieuse, par Voyez l'aîné.
> Très belle épreuve.

WILLE (d'après P.-A.)

662 — L'Essai du corset, — Dédicace d'un poème épique. Deux pièces faisant pendants, (gravées) par Dennel.

Superbes épreuves, toutes marges.

663 — L'Essai du corset, par Dennel.

Très belle épreuve.

664 — L'Heureux vieillard, par Aveline.

Belle épreuve.

665 — Les Joueurs, par L. Romanet.

Belle épreuve.

666 — Prévoyance au plaisir. Gravé par P. L.

Belle épreuve.

667 — Les Vieux amateurs, — Les vieilles femmes et les jeunes gens. Deux pièces gravées à l'eau-forte, par J. J. de Claussin.

Belles épreuves, une est avant toutes lettres, non terminée.

668 — Petit Vaux-Hall, par P.-A. Wrille.

Très belle épreuve, marge.

669 — La même estampe.

Très belle épreuve, coloriée.

WOLFF (d'après)

670 — La douce minette, par Wolff.

Très belle épreuve, marge.

ESTAMPES

IMPRIMÉES EN COULEURS

ALIX (P.-M.)

671 — Barra (Joseph), en buste dans un médaillon, posé sur un bas-relief où est représentée la scène de son assassinat par les rebelles vendéens, d'après Garneray.

Très belle épreuve.

672 — Viala (Josehp-Agricol.), en buste, tenant une hache sur son épaule, dans un médaillon posé sur un bas-relief où il est représenté coupant le câble du navire, d'après Sablet.

Belle épreuve.

673 — Buffon, — Fénelon, — Mably. Trois portraits in fol.

Très belles épreuves.

674 — Corday (Charlotte). In-fol.

Superbe épreuve avant toutes lettres, marge.

675 — Portrait de Custine, général de l'armée du Rhin. In-4.'

Très belle épreuve.

676 — Lepelletier (Michel). In-fol.

Très belle épreuve.

677 — Marat (Jean-Paul). In-fol.

Très belle épreuve.

678 — Lucius Junius Brutus, d'après Garneray. In-fol.

Belle épreuve.

ALLAN (d'après D)

679 — L'Origine della pittura, par Tresca.

Très belle épreuve.

ALKEN

680 — Courses. Deux pièces.

Belles épreuves, sans marge.

ANGRAND (chez)

681 — Vue perspective de l'intérieur de la salle des Anciens, avec bordure, où sont représentés les costumes des représentants du peuple français et fonctionnaires publics.

ANONYMES

682 — Marie-Antoinette, archiduchesse d'Autriche, en buste, avec haute coiffure. In-8.

Superbe épreuve, Très rare.

683 — Folies de Carnaval.

684 — Le Lever d'Aminte, — Les Quatre pieds. Deux pièces coloriées.

685 — Où est donc cet abbé que je l'achève. Pièce curieuse imprimée en bistre.

Très belle épreuve. Rare.

686 — Façade de l'orchestre élevé dans le jardin des Tuileries, pour le concert donné le 2 avril 1810, — La même pièce, avec quelques changements, pour le concert donné le 25 août 1814. Deux pièces.

687 — Grand assaut d'armes, entre le fils de saint George et le fils de saint Louis.

688 — Les Petits savoyards, en couleur, sans nom d'artiste.

Très belle épreuve avec le titre en lettres grises.

689 — Les Regrets, — Vénus embrassant un nuage. Deux pièces de forme ovale, coloriées, sans noms d'artistes.

690 — Le Tableau parlant du XIXᵉ siècle, ou le nouvel âge d'or.

Belle épreuve.

691 — La Triple yvresse. Pièce coloriée.

692 — La Vie d'un joli garçon à Paris, ou le paysan perverti, — La Vie d'une jolie fille à Paris, ou la paysanne pervertie. Deux pièces faisant pendants.

ANSDELL (d'après)

693 — La Prise de tabac. Pièce de forme ovale, par Bartolozzi.

> Très belle épreuve.

BALLONS (Pièces sur les)

694 — Machine aérostatique destinée pour la ville de Boulogne. Pièce coloriée.

695 — Aux amateurs de physique, Le Peuple escaladant le mur des Tuileries.

696 — Caricatures et pièces satyriques sur les ballons. Six pièces en noir et en couleur.

BANCE (chez)

697 — La Mère à la mode, La Mère telle que toutes devraient être. Pièce coloriée.

> Très belle épreuve. Rare.

BAR ET CHATELET

698 — Le Bain de village. Gravé en bistre.

> Très belle épreuve.

BARBIER (d'après)

699 — Nymphe sortant du bain, — Nymphe de Flore. Deux pièces gravées par L. Marin.

> Très belles épreuves.

BARTOLOZZI (F.)

700 — Ne dérangez pas le monde, d'après Cipriani.

> Superbe épreuve.

701 — La même estampe.

> Très belle épreuve avant toutes lettres, en noir.

702 — The fair Alsacien, d'après Angelica Kauffman. Imprimé en bistre.

> Très belle épreuve.

703 — Nymphes Bathing, — Diana and Shepherdess. Deux pièces faisant pendants.

> Très belles épreuves.

BASSET (chez)

704 — Almanach aérostatique pour l'année 1785, avec calendrier. Pièce coloriée.

705 — Danse d'Arlequin et de Colombine. Au milieu du sujet est représentée Mlle Camargo. Coloriée.

706 — Joséphine en minaudant, fait chit-chit avec adresse au Palais-Royal, de crainte d'être surprise, — Mlle Folichon, jouant de la prunelle, distribuant ces adresses, et va en ville, — La grosse maman prenant le frais à la campagne. Trois pièces coloriées.

> Rares.

707 — La Mouillette, — La tendre Alziana coeffée d'un bonnet du matin, pinçant un air favori sur sa guittare d'amour, etc. Trois pièces coloriées.

708 — Tableau des vicissitudes humaines. Grande pièce coloriée.

> Belle épeuve.

709 — Tailleur anglais, — Le Galant cordonnier anglais, — La Maman complaisante, — Ah ! finissez donc, cher père. Quatre pièces coloriées.

> Très belles épreuves. Rares.

710 — La Toilette ou l'amusement du matin, dédié au beau sexe. Pièce coloriée.

> Très belle épreuve. Rare.

BAUDOUIN (d'après P.-A.)

711 — Le Bain, par N. F. Regnault (E. B. 10).

> Superbe épreuve, avec marge.

711 *bis* — Le Désir amoureux, par Mixelle (19).

> Superbe épreuve du 1er état, avant toutes lettres et avant que les têtes des deux amants que l'on aperçoit à droite aient été remplacées par deux colombes. Très rare, avec marge.

712 — La même estampe.

> Très belle épreuve du 2e état, avec les changements indiqués au numéro précédent, sans marge.

BAUDOUIN (d'après P.-A.)

713 — Le Léger vêtement, par Chevillet.
Belle épreuve, coloriée.

714 — Les Plaisirs réunis. Gravé à la sanguine, par Briceau,
(37).
Superbe épreuve. *Très rare.*

714 *bis* — Qu'est-là? — Ji vais. Deux pièces gravées par Le
Marin (26, 39).
Très belles épreuves; une a de la marge.

BAUDOUIN et HUET (d'après)

715 — Le Déjeuné, — Le Gouter, — Le Souper, — Le Diner.
Suite de quatre pièces gravées par Bonnet.
Superbes épreuves. Rares.

BOILLY (d'après)

716 — L'Amant poète, par Levilly.
Superbe épreuve, marge.

717 — L'Amant favorisé, — La Comparaison des petits pieds.
Deux pièces faisant pendants, gravées par Chaponnier.
Très belles épreuves.

718 — Avant la toilette, par Le Grand.
Belle épreuve.

719 — Les Bacchantes et le Satire, par L. J. Allais.
Très belle épreuve.

720 — La Dispute de la rose, par J. Eymar.
Superbe épreuve. Rare.

721 — La Douce résistance, par Schroler.
Bonne épreuve.

722 — Jouir par surprise n'allarme point la pudeur, — Voilà
ma mère, nous sommes perdus. Deux pièces faisant pendants.
Belles épreuves.

BOIZOT (d'après)

72) — L'Innocence embrassant la Sagesse, se garantit des traits de l'Amour, — La beauté rend les armes à l'amour victorieux, — L'Amour de la gloire fuyant la volupté, — La Beauté consolée par l'amour de la gloire. Suite de quatre pièces, gravées par Colibert et Massol.

Belles épreuves.

BONNET (L.)

724 — La Clochette, conte de La Fontaine. In-4.

Très belle épreuve. Rare.

725 — Joconde, conte de La Fontaine, d'après Huet. In-4.

Superbe épreuve. Rare.

726 — Les Rémois, conte de La Fontaine. In-4.

Très belle épreuve. Rare.

727 — La Servante justifiée, conte de La Fontaine, d'après J. B. Huet. In-4.

Très belle épreuve. Rare.

728 — Les Apprêts du bain.

Très belle épreuve.

729 — L'Avenir et le Passé, — L'Espoir et le Regret. Deux pièces faisant pendants, gravées par L. Marin, sous la direction de Bonnet, d'après Bounieu.

Très belles épreuves. Rares.

730 — Bazile et Luzy, d'après Aubris.

Belle épreuve.

731 — Le Chat au guet, — La Cage ouverte. Deux pièces faisant pendants.

Très belles épreuves, marges.

732 — Le Crocheteur et la bouquetière, — Le Décroteur et la marmotte. Deux pièces faisant pendants, gravées à la sanguine.

Très belle épreuve, marge.

733 — L'Epagneul favori, aux trois crayons, par Ligé, sous la direction de Bonnet.

BONNET (L.)

734 — La Flèche de l'Amour.

> Très belle épreuve, marge.

735 — Le Goût, d'après Eisen.

> Très belle épreuve.

736 — La Jarretière.

> Très belle épreuve.

737 — Le Moment présent. Jolie pièce en couleur.

> Très belle épreuve.

738 — La Toilette. Deux compositions différentes, faisant pendants.

> Très belles épreuves, sans marges.

739 — Toillette du matin, — Toillette du soir. Deux pièces faisant pendants, gravées à la sanguine, d'après Beaulier.

> Très belles épreuves, marges.

740 — La Troupe ambulante des rues de Paris, — Le Marchand d'orviétan de campagne. Deux pièces faisant pendants, d'après Huet et Carême.

> Très belles épreuves.

BONNET ?

741 — Les Amours champêtres. Deux pièces faisant pendants de forme ovale.

> Très belles épreuves avant toutes lettres.

BOREL (d'après A.)

742 — La Bascule, par Leveillé.

> Superbe épreuve, sans marge.

743 — Le Bourgeois maltraité, par J. B. Morret.

> Très belle épreuve.

BOSIO (D.)

744 — Le Bal de l'Opéra.

> Superbe épreuve.

745 — Le Bal de société.

> Superbe épreuve, avant toutes lettres, marges.

BOSIO (D.)

746 — La Bouillotte.
Superbe épreuve.

747 — L'Escamoteur, par Ruotte.
Superbe épreuve.

748 — Les Invisibles.
Très belle épreuve, marge.

749 — La Lanterne magique.
Superbe épreuve, avant toutes lettres, marge.

750 — Le Lever des ouvrières en modes, — Le Coucher des ouvrières en modes.
Belles épreuves.

751 — Le Lever des ouvrières en linge, — Le Coucher des ouvrières en linge. Deux pièces.
Belles épreuves.

752 — Le Logeur, ou les effets des vertus hospitalières de Paris.
Belles épreuves.

753 — La Main chaude, — Le Volant. Deux pièces.
Très belles épreuves.

754 — Monture propre des dames, ou nouvelle leçon d'équitation.

755 — La Poule.
Superbe épreuve, marge.

756 — Promenade de Longchamp.
Superbe épreuve.

757 — Le Sérail, ou le Turc à Paris.
Très belle épreuve. Rare.

BOSIO (D.) ?

758 — Jardin du tribunat, commerce du soir. Pièce curieuse pour les costumes.
Très belle épreuve.

759 — Le Sultan parisien, ou l'Embarras du choix.
Très belle épreuve.

BOUCHER (d'après F.)

760 — Danaë. Gravé aux trois crayons, par L. Bonnet.
  Très belle épreuve. sans marge.

761 — Femme nue assise sur un canapé.
  Aux trois crayons.

762 — Jeune femme en buste jouant avec un chien. Gravé à la sanguine par Demarteau.
  Très belle épreuve.

763 — Jupiter et Léda. Gravé aux trois crayons, par Demarteau.
  Très belle épreuve.

764 — Jupiter et Léda. Gravé à la sanguine par Demarteau.
  Belle épreuve.

765 — La Laveuse. Gravé à la sanguine par L. Bonnet.
  Très belle épreuve.

766 — Le Réveil de Vénus. Gravé aux trois crayons, par L. Bonnet.
  Très belle épreuve.

767 — Le Satyre et une Nymphe, — Vénus sur les eaux, — Vénus et l'Amour, — La Toilette de Vénus. Quatre pièces gravées aux trois crayons. par Demarteau.
  Très belles épreuves, sans marges.

768 — Vénus caressée par l'Amour, — Vénus et l'Amour. Deux pièces gravées aux trois crayons par L. Bonnet.
  Très belles épreuves.

769 — Vénus aux colombes. Gravé à la sanguine par Petit.
  Belle épreuve, marge.

770 — Vénus endormie. Gravé à la sanguine par Demarteau.
  Très belle épreuve.

771 — Vénus et l'Amour. Gravé à la sanguine par Demarteau.
  Très belle épreuve.

772 — Vénus et les Amours. Gravé à la sanguine, par Demarteau.
  Belle épreuve.

BOUCHER (d'après F.)

773 — Compositions diverses gravées à la sanguine, par Bonnet et Demarteau. Sept pièces.

BOWLES (chez)

774 — Wantonness mask'd, — The studious beauty, — The fair nun unmask'd. Trois pièces dont une d'après Morland.
Belles épreuves.

775 — A Morning frolic, or the transmutation of sexes, en manière noire.
Belle épreuve.

BRETON (A Paris chez Mme)

776 — La Toilette du soir.
Très belle épreuve d'une pièce rare.

BUNBURY (d'après)

777 — Les Oyes de frère Philippe, par Watson. Imprimé en bistre.
Superbe épreuve. Rare.

778 — The Long Story.
Belle épreuve.

CARICATURES

779 — Le Bon genre. Cent pièces.
Très belles épreuves dont quelques pièces doubles avec différences.

780 — Le Musée grotesque. Cinquante-six pièces, publiées chez Martinet.
Rares.

781 — Modes du jour. Douze pièces d'après Desrais, publiées chez Basset.
Rares.

782 — Caricatures parisiennes publiées chez Martinet. Vingt-huit pièces.
Rares.

CARICATURES

783 — Caricatures parisiennes publiées chez Basset, Charron, Jean et Chereau. Neuf pièces.

784 — Caricatures parisiennes. Le Suprême bon ton. Vingt-cinq pièces publiées chez Martinet.

    Très rares.

785 — Caricatures parisiennes. Garde à vous. Quinze pièces publiées chez Martinet.

    Rares.

786 — L'Elégance parisienne. Cinq pièces publiées chez Bance.

    Rares.

787 — Caricatures parisiennes. Le Goût du jour. Dix-huit pièces publiées chez Martinet.

    Rares.

788 — Caricatures parisiennes. L'Agrément de l'Eté, — Les Douceurs de l'automne, — Les Plaisirs de l'hiver, — Les Effets du printemps. Suite de quatre pièces publiées chez Martinet.

    Très belles épreuves, pour les Agréments de l'été; il y a deux composition différentes. Cinq pièces.

789 — Deux pièces doubles des précédents.

790 — Luxury, — Comfort. Deux pièces critiques sur la manière de se chauffer qu'avait la duchesse de Berry.

    Belles épreuves, marges.

791 — L'Enjambée impériale.

    Belle épreuve, avec marge.

792 — L'Entrée d'une partie des alliés à Paris.

    Très belle épreuve.

793 — Caricatures françaises et anglaises sur Bonaparte, de 1805 à 1815. Cent quatre pièces.

794 — Caricatures et sujets divers de l'époque révolutionnaire. Vingt-huit pièces en noir et en couleur.

CARICATURES

793 — Caricatures sur Louis XVIII, la Famille royale, les Armées alliées en 1814 et 1815. Soixante-cinq pièces.

796 — Sous ce numéro, il sera vendu par lots un grand nombre de caricatures parisiennes sur les mœurs, les costumes, la politique, etc., de 1793 à 1820.

797 — Sous ce numéro, il sera vendu un grand nombre de caricatures anglaises par Gilrlay, Rowlandson, Cruishank, Newton, etc.

CANU

798 — Céladon et Célie.
> Très belle épreuve, marge.

CARÊME (d'après)

799 — L'Aveugle détrompé, par Wossenik.
> Superbe épreuve.

800 — Les Délices du bain, par Jubier.
> Très belle épreuve, marge.

801 — Ire Guinguette flamande, — IIe Guinguette flamande. Deux pièces faisant pendants, gravées par Mixelle.
> Superbes épreuves, marges.

CAZENAVE

802 — Napoléon Ier représenté en pied en costume du sacre avec le manteau impérial, d'après Vanderwal. Gr. in-fol.
> Belle épreuve.

CAZENAVE (d'après)

803 — Le Réveil de Vénus et l'Amour, — Vénus sur les eaux. Deux pièces gravées par L. Gabriel.
> Belles épreuves.

804 — Trait de courage héroïque, par Thouvenin.
> Belle épreuve.

CHALLE (d'après)

805 — Le Baiser donné, — Le Baiser refusé. Deux pièces gravées par Bonnet.
> Très belles épreuves, marge.

CHALLE (d'après)

806 — Don Quichotte, — Don Quichotte et Sancho sur Che-
villart. Deux pièces gravées par Descourtis.

Belles épreuves.

807 — L'Elisée, — Le premier Baiser de l'Amour, par Aug.
Le Grand.

Très belle épreuve.

808 — Le Panier renversé, par E. Buisson.

Superbe épreuve avant toutes lettres, marge.

809 — La même composition, par Ruotte.

Superbe épreuve, marge.

810 — Le Poirier enchanté, — Le Cuvier. Deux pièces gravées
par Lindor de Toulouse, coloriées.

Très belles épreuves.

811 — Le Portrait chéri, — Le Déjeuner. Deux pièces faisant
pendants, gravées par Bonnet.

Très belles épreuves, marges.

812 — Quand l'Hymen dort, l'Amour veille, par Maucler.

Très belle épreuve.

813 — Le Ruisseau, — Les Cerises, — Emile vainqueur à la
course, — Le Méridien. Quatre pièces gravées par Lembert,
Vonet et Legrand.

Belles épreuves,

814 — La Saison des Amours, par Aug. Le Grand.

Belle épreuve.

815 — Le Télégraphe d'amour, — La Lanterne magique d'a-
mour, — La Tourterelle poursuivie. Trois pièces gravées
par Alix et Coqueret.

Belles épreuves.

CHAPUY (J.-B.)

816 — Les Amusements champêtres, d'après Pietkin.

Très belle épreuve.

817 — Vue perspective du Champ de Mars, jour du serment
civique prononcé par la nation française assemblée à Paris
le 14 juillet 1790, d'après Le Roy.

Très belle épreuve.

CHARON (A Paris chez)

818 — On n'entre pas, — Regardez, mais n'y touchez pas, — Dieu merci! j'n'en n'ons pas perdu une goutte, — Baisez vite. Suite de quatre pièces.

Belles épreuves.

CHATAIGNIER

819 — Audience publique du Directoire. Pièce curieuse pour les costumes.

Très belle épreuve.

CHEAPSIDE

820 — Jason et Médée, ballet tragique. Pièce imprimée en bistre.

Très belle épreuve.

821 — Les Caprices de la goutte, ballet arthritique. Pièce imprimée en bistre.

Superbe épreuve, marge.

CHEREAU (A Paris chez)

822 — Napoléon Ier et l'Impératrice Joséphine en grands costumes du sacre. In-fol.

Très belles épreuves, toutes marges.

CHEVAUX (d'après)

823 — Le Joli nid, — L'Entreprenant, — La Bonne Ruse, — Le Bon Accord. Suite de quatre pièces gravées par Bonnet.

Très belles épreuves.

824 — La Savonneuse, par Motey.

Très belle épreuve. Rare.

825 — The sweet illusion. Gravé par Drarig, à la sanguine.

Très belle épreuve.

CLAVAREAU

826 — La Beauté de saint Gile'ss, d'après Benwell.

Très belle épreuve, marge.

COIFFURES (Pièces sur les)

827 — La Poulette en course allant au-devant de son bon ami,
—L'An.ant complaisant, — Le Tailleur de corps anglais, —
Le Cordonnier anglais, — Mademoiselle Sans-Gêne tirant
son bas,— La Belle Jambe. Six pièces en noir et en couleur.
Rares.

828 — Coëffure à la Nation, — Coëffure aux charmes de la
Liberté, — Coëffure à l'Espoir. Trois pièces coloriées, pu-
bliées chez Depain, auteur de ces coiffures.
Rares.

CONBEAU (chez)

829 — The Assaut, or Tencing Match which tooh place at
Carlton House, on the 9 avril 1787, between Mademoiselle
la chevalière d'Eon de Beaumont, ant Monsieur de Saint-
George.
Très belle épreuve. Rare.

COSWAY (d'après R. A.)

830 — Récamier (Mme), par Ant. Cardon.
Superbe épreuve.

831 — La même personne, réduction in-8 du portrait précédent avec changements ; en, bas ces mots : *la plus belle*.
Belle épreuve.

832 — Infancy, par White.
Très belle épreuve.

CRUCKSHANK

833 — Loo in the Kitchin or high life le low stairs, — The
british menagerie. Deux pièces.
Belles épreuves. Rares.

DARCIS

834 — Qui est là? Deux épreuves de cette estampe, dont une
en couleur avant la draperie.

DAVESNE (d'après)

835 — Les Cerises.

Très belle épreuve.

836 — Les Prunes.

Superbe épreuve, marge.

DEBUCOURT (P.-L.)

837 — Le Menuet de la mariée.

Superbe épreuve, marge.

838 — La Fille enlevée, pièce de forme ovale, en largeur ; au-
dessous on lit : peint et gravé par De Bucourt, peintre du
Roi, 1785.

Superbe épreuve. Très rare.

839 — L'Escalade ou les Adieux du matin.

Superbe épreuve, grande marge.

840 — Heur et malheur, ou la Cruche cassée.

Superbe épreuve.

841 — Promenade de la galerie du Palais-Royal.

Superbe épreuve.

842 — Promenade du jardin du Palais-Royal.

Superbe épreuve, marge.

843 — L'Oiseau ranimé.

Superbe épreuve du 1er état, avec les seins de la jeune femme décou-
verts, sans marge.

844 — Pauvre Annette, — L'Oiseau privé. Deux pièces faisant
pendants; une est remargée, en noir.

845 — Almanach national, dédié aux amis de la Constitution,
pour l'année 1791, 3e de la Liberté.

Superbe épreuve du 1er état, avec le portrait de Louis XVI dans le
haut.

846 — La Rose mal défendue.

Superbe épreuve.

847 — La Rose mal défendue. Gravé par Bonnemain, en réduction de celle de Debucourt.

Très belle épreuve, en noir.

DEBUCOURT (P.-L.)

848 — La Promenade publique 1792.

Épreuve superbe, avec marge.

849 — La Croisée.

Superbe épreuve, marge.

850 — Minet aux aguets.

Superbe épreuve, en noir.

851 — Il est pris.

Superbe et très rare épreuve du 1er état, avec le poisson dans la main de la femme.

852 — La même estampe.

Très belle épreuve du 2e état, avec la main et le poisson effacés.

853 — Elle est prise.

Superbe épreuve avant la lettre, en noir.

854 — C'est Papa. Grande pièce en largeur.

Superbe et très rare épreuve avant toutes lettres, marges.

855 — La Bénédiction de la mariée.

Superbe et très rare épreuve avant toutes lettres.

856 — Ils sont heureux.

Très belle épreuve, marge.

857 — L'Enfant soldat, ou les Amusements de famille.

Superbe épreuve, en noir.

858 — Jouis, tendre mère.

Superbe et rare épreuve, avant la lettre, marge.

859 — Calendrier républicain pour l'an II, 1793, avec les indications de raisin, safran, etc., et la désignation des fêtes sans-culotides.

Superbe épreuve, marge, imprimée en noir.

860 — Unité, — Fraternité. Deux pièces faisant pendants.

Très belles épreuves, imprimées en noir.

861 — Liberté, — Égalité. Deux pièces faisant pendants.

Très belles épreuves, imprimées en noir.

DEBUCOURT (P.-L.)

862 — Droits de l'homme et du citoyen. Pièce rare avec légende.

> Superbe épreuve. Rare. En noir.

863 — La Paix, représentée assise, dans une bordure avec sujets allégoriques, dédiée à Bonaparte pacificateur.

> Superbe épreuve. Très rare. En noir.

864 — Vent devant, — Vent derrière. Deux pièces faisant pendants, en couleur.

> Très belles épreuves, marges.

865 — Frascati. Pièce très curieuse pour les costumes.

> Epreuve superbe, grande marge.

866 — La même estampe.

> Très belle épreuve en noir.

867 — Les Visites.

> Très belle épreuve en noir.

868 — L'Orange, ou le moderne Jugement de Pâris.

> Superbe épreuve.

869 — La même estampe.

> Très belle épreuve en noir.

870 — La Femme et le mari, ou les Époux à la mode. 803.

> Très belle épreuve, en noir.

871 — La Coquette et ses filles, ou une Mère à la mode. 1803.

> Très belle épreuve, en noir.

872 — Un Gourmand, — Un Usurier. Deux pièces faisant pendants, gravées en 1803 et 1804.

> Très belles épreuves, en noir.

873 — Les Petits Messieurs, ou les Adolescents à la mode. 1804.

> Très belle épreuve, en noir.

874 — Les Galans suranés, ou les Petits papas à la mode. 1804.

> Très belle épreuve, en noir.

6

DEBUCOURT (P.-L.)

875 — Les Courses du matin, ou la Porte d'un riche.
> Très belle épreuve, en noir.

876 — La Jeune femme. 1807.
> Très belle épreuve en noir. Rare.

877 — L'Hiver, ou le Mari.
> Très belle épreuve, en noir.

878 — La Manie de la danse.
> Très belle épreuve, en noir.

879 — Le Carnaval.
> Très belle épreuve, en noir.

880 — L'Innocence du jour.
> Superbe épreuve avant toutes lettres, en noir.

881 — Le Baiser à propos de bottes.
> Très belle épreuve, marge.

882 — Le Tailleur.
> Très belle épreuve, marge.

883 — Le Coeffeur.
> Très belle épreuve, marge.

884 — Le Barbier.
> Belle épreuve, en noir.

885 — Le Café ambulant. 1821.
> Très belle épreuve, en noir.

886 — La Maîtresse d'école.
> Superbe épreuve avant toutes lettres, une déchirure dans le milieu, en noir.

887 — La Main chaude.
> Superbe épreuve avant toutes lettres, marge. En noir.

888 — Que vas-tu faire, — Qu'as-tu fait. Deux pièces faisant pendants.
> Très belles épreuves. Rares.

889 — Lui répondrai-je ?
> Très belle épreuve, marge. En noir.

DEBUCOURT (P.-L.)

890 — Je l'ai perdu là.

Pièce très rare, non entièrement terminée, en noir.

891 — La Servante congédiée.

Très belle épreuve avant toutes lettres, marge, en noir.

892 — L'Orage, — La Séparation pendant une nuit d'hiver. Deux pièces, dont une avant la lettre.

Très belles épreuves.

893 — Illumination de la grande cascade de Saint-Cloud.

Très belle épreuve, marge.

895 — Berceau de Paul et Virginie.

Très belle épreuve avec le titre en lettres tracées, en noir.

896 — L'Enfance de Paul et Virginie.

Belle épreuve, sans marge, en noir.

897 — L'Incendie. Grande pièce en hauteur.

Très belle épreuve.

898 — Promenade au bois de Vincennes.

Superbe épreuve, grande marge.

899 — Goûter des Anglais.

Superbe épreuve, marge.

900 — Les Amateurs de plafonds au Salon.

Superbe épreuve.

901 — Joly, acteur du Vaudeville; il cause avec lui-même.

Très belle épreuve, marge.

902 — Course du grand prix faite au Champ de Mars, à Paris, par les chevaux qui ont remporté les premiers prix dans leurs départements, d'après C. Vernet.

Très belle épreuve, en noir.

903 — Course de chevaux, d'après C. Vernet. Grande pièce en largeur.

Très belle épreuve.

904 — Exercice de Franconi, n° 1, — Exercice de Franconi, n° 2. Deux pièces faisant pendants, d'après Vernet.

Très belles épreuves, en noir.

DEBUCOURT (P.-L.)

905 — Course anglaise, d'après C. Vernet.

Très belle épreuve, marge.

906 — La Danse des chiens en désordre, d'après C. Vernet.

Superbe épreuve.

907 — Le Joueur de cornemuse, d'après C. Vernet.

Très belle épreuve.

908 — Les Joueurs de boules, d'après Vernet.

Superbe épreuve.

909 — Les Aveugles, d'après C. Vernet.

Très belle épreuve.

910 — Les Chevaux de bateau, d'après C. Vernet.

Superbe épreuve, toutes marges.

911 — Retour de champs, d'après C. Vernet. En couleur.

Très belle épreuve, marge.

912 — Route de Poissy, d'après C. Vernet.

Très belle épreuve.

913 — Route de Poste, d'après C. Vernet.

Très belle épreuve.

914 — Route de Saint-Cloud, d'après C. Vernet.

Très belle épreuve.

915 — Route du Marché, d'après Vernet.

Superbe épreuve, grandes marges.

916 — Le Marchand de chevaux normands. Gravé en couleur par Charon, d'après C. Vernet.

Très belle épreuve.

917 — La Bonne d'enfants en promenade, d'après C. Vernet.

Très belle épreuve, marge.

918 — Chacun son tour, d'après C. Vernet.

Très belle épreuve.

DEBUCOURT (P.-L.)

919 — Il n'y a pas de feu sans fumée, d'après C. Vernet.
Très belle épreuve, marge.

920 — Inutile précaution, d'après C. Vernet.
Très belle épreuve, marge.

921 — Le jour de barbe d'un charbonnier, d'après C. Vernec .
Très belle épreuve.

922 — La Marchande de cerises, d'après C. Vernet.
Très belle épreuve, marge.

923 — La Marchande de saucisses, d'après C. Vernet.
Très belle épreuve.

924 — La Marchande d'eau-de-vie, d'après C. Vernet.
Très belle épreuve, marge.

925 — La Marchande de poissons, d'après C. Vernet.
Très belle épreuve, marge.

926 — Passez-Payez, d'après C. Vernet.
Très belle épreuve.

927 — Les Anglais à Paris, d'après C. Vernet.
Superbe épreuve, marge.

928 — Le Cosaque galant, — Adieux d'un Russe à une Parisienne. Deux pièces, d'après Vernet.
Très belles épreuvrs.

929 — Le Courrier anglais, d'après Horace Vernet.
Très belle épreuve.

930 — Le Coup de vent, d'après C. Vernet.
Superbe épreuve, marge.

931 — La Partie de plaisir, d'après C. Vernet.
Très belle épreuve, marge.

932 — La Perruque enlevée, d'après C. Vernet.
Superbe épreuve, grande marge.

DEBUCOURT (P.-L.)

933 — Les Gastronomes affamés, — La fin des Gastronomes.
Deux pièces faisant pendants.
>Belles épreuves, en noir.

934 — L'Hermitage de Montmorency, d'après Horace Vernet.
>Très belle épreuve, marge.

935 — Adèle la Vénitienne, — La Belle frascatane, — Mlle Lun-
dens, — Mlle van Maelder. Suite de quatre portraits en
couleur, d'après Tintoret, Raphaël, Rubens et van Dyck.
>Très belles épreuves, marges.

DEBUCOURT ?

936 — Dibutade.
>Très belle épreuve.

DEBUCOURT (d'après P.-L.)

937 — La Promenade du Jardin turc, par Jazet.
>Superbe épreuve.

938 — A tous Français bien nés que cette image est chère,
par A. Legrand. Trois épreuves d'états différents, avec le
portrait de Louis XVI, le buste de la Liberté et le portrait
de Bonaparte.
>Très belles épreuves, en noir.

DENY (A Paris chez)

939 — Le Verrou, ou la sûreté des amans. Pièce coloriée.
>Très belle épreuve, marge.

940 — Le Lacet raccourci. Pièce coloriée.
>Très belle épreuve.

DESCOURTIS

941 — L'Amant surpris, d'après Challe.
>Superbe épreuve, grandes marges.

942 — Les Espiègles, d'après Challe.
>Très belle épreuve, sans marge.

DESCOURTIS

943 — Histoire de Paul et Virginie. Suite de six pièces, d'après Schall.

Superbes épreuves, marges.

DESNOYERS (A.-B.)

944 — C'est sans malice. Grande pièce in-fol. coloriée.

DESRAIS (d'après C -L.)

945 — Promenade du boulevard Italien, par Voysard.

Très belle épreuve.

946 — La Belle jambe de Lisette. Gravé en bistre.

Bonne épreuve.

947 — La Blanchisseuse.

Très belle épreuve. Rare.

948 — Jeune Femme dans un lit, dormant.

Belle épreuve, marge.

949 — Le Poisson des jeunes filles, par Blanchard.

Très belle épreuve.

DESRAIS et LECLERC

950 — Costumes français du xviii° siècle. Six pièces gravées par Voysard et Dupin. 187,161

Belles épreuves, coloriées.

DICKINSON (W.)

951 — The dead soldier, d'après Wright.

Très belle épreuve, marge.

DUPLESSIS-BERTAUX (d'après)

952 — Indépendance des Etats-Unis. Allégorie gravée par L. Roger.

Belle épreuve.

DUTAILLY (d'après)

953 — L'Imitation de l'antique, — L'Admiration de l'antique.
Deux pièces faisant pendants, gravées par Mme Lingée et
Prot.

Très belles épreuves, grandes marges.

954 — La Promenade du matin, par Chaponnier.

Très belle épreuve.

955 — L'Arrosoir, ou l'amusement du jardinage, par Guyot.

Très belle épreuve.

956 — On doit à sa patrie le sacrifice de ses plus chères
affections, par Coqueret.

Belle épreuve avant la lettre.

ÉCOLE FRANÇAISE XVIII° SIÈCLE

957 — Changez-moi cette tête. Pièce curieuse imprimée en
bistre.

Belle épreuve.

958 — Autre pièce sur le même sujet. En couleur.

Belle épreuve, marge.

959 — C'est ici la grande fabrique des belles têtes. Pièce très
curieuse avec légende en bas.

Superbe épreuve, marge.

960 — La Coquette.

Très belle épreuve.

961 — Le Dévouement à la Patrie. Grande pièce allégorique,
gravée en couleur, sans noms d'artistes.

Superbe épreuve. Très rare.

962 — La Liseuse amoureuse, coeffée à la mode.

Belle épreuve.

963 — Minerve protégeant Voltaire et Rousseau contre le fa-
natisme, — Le Génie de Voltaire et de Rousseau conduisit
ces écrivains célèbres au temple de la gloire et de l'im-
mortalité. Deux pièces coloriées.

Belles épreuves.

ÉCOLE FRANÇAISE DU XVIIIᵉ SIÈCLE

964 — La Vraie queue du diable.
Belle épreuve, marge.

965 — La Vue, — Le Toucher. Deux pièces imprimées à la sanguine.
Très belles épreuves, grandes marges.

ÉCOLE ANGLAISE

966 — Berger et Bergère avec leur troupeau, au milieu d'un paysage.
Très belle épreuve.

EISEN (d'après Cᴴ.)

967 — Bal chinois, par François.
Rare.

FIDELIS

968 — Le Grand chiffonnier-Critique du salon de 1808, avec légende en bas.
Belle épreuve, marge.

FRAGONARD (d'après H.)

969 — L'Amour, par Janinet.
Très belle épreuve, sans marge.

970 — La Folie, par Janinet.
Superbe épreuve, grandes marges.

971 — La Culbute. Pièce gravée en bistre, par Charpentier.
Belle épreuve, sans marge.

GALARD (d'après)

972 — Aveugle faisant danser des chiens savants, par Gatine.
Belle épreuve.

GARBIZZA (d'après)

973 — Vue de Paris. Nᵒ 8. Vue de la gallerie du Palais-Royal, prise du côté de la rue des Bons-Enfants, par Coqueret.
Très belle épreuve.

974 — La même estampe.
Très belle épreuve en noir.

GARNERIN

975 — Courses au Champ-de-Mars, pour la fête du Roy! par Elisa Garnerin. Grande piéce coloriée.

Belle épreuve.

GAULE (d'après)

976 — Nymphes et Amours, par Coupé.

Epreuve avant la lettre, marge.

GAUTIER (A Paris chez)

977 — Les Oies de frère Philippe, pour les contes de La Fontaine.

Très belle épreuve, grandes marges.

GAUTIER-DAGOTY

978 — La Toilette.

Superbe épreuve avant la draperie. Rare.

GILLRAY (J.)

979 — Portrait du prince de Saxe-Cobourg, d'après Loutherbourg. In-fol.

Très belle épreuve, marge.

980 — A Vestal of 93. Trying on the Cestus of Venus. — Presages of the Millenium: with the destruction of the faithful... — Downfal of monopoly in 1800. Trois pièces.

Belles épreuves.

GUELARD (J.)

981 — Le Bidet, d'après C. Huet.

Belle épreuve coloriée.

GUYOT

982 — Action de Joseph Chrétien qui a remporté le prix de vertu à l'Académie française en 1786, d'après G. Texier.

Très belle épreuve.

983 — Le Bon exemple, — Le Doux sommeille. Deux pièces, médaillons ronds, imprimés sur une même feuille.

Très belle épreuve.

GUYOT

984 — La Bouquetière, — Le Charbonnier. Deux pièces.
Très belles épreuves, marges.

985 — Patriotisme des dames françaises. Pièce ovale.
Très belle épreuve.

986 — Le Prince Lambesc au jardin des Tuileries.
Très belle épreuve.

987 — Aux mânes de J.-J. Rousseau.
Très belle épreuve.

988 — J.-J. Rousseau herborisant. In-4.
Très belle épreuve. Rare.

HARRIET

989 — Le Thé parisien, suprême bon ton au commencement
du 19° siècle, par Godefroy.
Très belle épreuve, imprimée en bistre.

HOPNER (d'après)

990 — Sophia Western, par J.-R. Smith.
Très belle épreuve.

991 — A Bachante.
Très belle épreuve.

HUET (d'après J.-B.)

992 — Ce qui est bon à prendre est bon à garder, par Al.
Chaponnier.
Belle épreuve, marge.

993 — L'Amant écouté, — L'Eventail cassé. Deux pièces
faisant pendants, gravées par Bonnet.
Superbes épreuves.

994 — L'Amour curieux, par J. A. L'Eveillé.
Belle épreuve.

995 — L'Amour et les Nymphes, par Demarteau.
Très belle épreuve.

HUET (d'après J.-B.)

996 — Les Amours rendant hommage à Vénus, par Bonnet.
  Très belle épreuve, marge.

997 — La Belle Cachette, — L'Heureux Chat. Deux pièces
  gravées par Bonnet.
  Très belles épreuves.

998 — La Chute inattendue, par J. Morret.
  Très belle épreuve.

999 — La Déclaration, — L'Amant pressant. Deux pièces faisant pendants, gravées par A. Legrand.
  Très belles épreuves.

1000 — Diane au bain, — Vénus sur les eaux. Deux pièces
  gravées par Bonnet.
  Très belles épreuves.

1001 — Le Drapeau national, — Le Tambour national. Deux
  pièces gravées par Bonnet.
  Belles épreuves.

1002 — L'Heureuse Bergère, par Demarteau.
  Très belle épreuve.

1003 — Jeune Femme en buste, un fichu sur la tête, par Demarteau.
  Belle épreuve.

1004 — Jupiter métamorphosé en Diane pour surprendre
  Calysto, par Bonnet.
  Très belle épreuve.

1005 — La Main-chaude.
  Très belle épreuve, marge.

1006 — Le Miroir de Vénus, — Jupiter et Danaë. Deux pièces
  faisant pendants, gravées par Bonnet.
  Très belles épreuves, marges.

1007 — Nymphes et Animaux. Pierre gravée en bistre.
  Belle épreuve, sans marge.

HUET (d'après J.-B.)

1008 — Offrande présenté par l'Amour à la Fidélité. — L'Amour offrant des présents à Arianne. Deux pièces faisant pendants, gravées par Bonnet.

Très belles épreuves.

1009 — Les Petits Gourmands, — Le Coq secouru. Deux pièces gravées par Bonnet.

Très belles épreuves.

1010 — Pygmalion amoureux de sa statue, par Jubier.

Belle épreuve.

1011 — The Sump. — The Balance. Deux pièces faisant pendants, gravées par Bonnet.

Très belles épreuves. Rares.

1012 — Vénus enflammée par l'Amour, — L'Amour prie Vénus. Deux pièces faisant pendants, gravées par Bonnet.

Très belles épreuves.

JACQUES (d'après)

1013 — Les Eléments. Suite de quatre pièces pour panneaux décoratifs, gravées par Huquier et coloriées.

Très belles épreuves. Rare.

JANINET (F.)

1014 — Projet d'un monument à ériger pour le Roi, d'après de Varenne et Moreau.

Très belle épreuve.

1015 — Nina, d'après Hoin.

Superbe épreuve, sans marge.

1016 — Le Baiser de l'Amour, d'après Fragonard.

Très belle épreuve avant toutes lettres.

1017 — Amour, tu fais des jaloux, d'après Boucher.

Très belle épreuve.

1018 — Vénus à la colombe, d'après Barbier.

Très belle épreuve.

JANINET (F.)

1019 — L'Oiseau privé, d'après Lagrenée.

Très belle épreuve avant toutes lettres, en noir.

1020 — Les trois Grâces, d'après Pellegrini.

Superbe épreuve avant la guirlande de roses, sans marge.

1021 — Liberté, — Egalité. Deux pièces faisant pendants, d'après Moitte.

Très belles épreuves.

JAZET

1022 — Bivouac des Cosaques aux Champs-Elysées, à Paris, le 31 mars 1814, d'après Sauerweid.

Superbe épreuve avant toutes lettres, marge.

1023 — La même estampe.

Bonne épreuve.

1024 — Mœurs du 19e siècle. Les Petits Bourgeois en partie de campagne ou le dîner renversé. — La Pluye d'orage ou le désagrément de dîner en plein air. Deux pièces faisant pendants.

Très belles épreuves.

JEAN (A Paris chez)

1025 — Foyer de la Montansier. La Promenade à dessein.

Très belle épreuve, marge.

1026 — Le Jeu de Loto. Quine !!!! Pièce curieuse pour les costumes, coloriée.

Belle épreuve.

1027 — Degrés des âges. Grande pièce coloriée.

Belle épreuve. Rare.

JOLLAIN (d'après)

1028 — Le Bain. — La Toilette. Deux pièces faisant pendants, gravées par Bonnet.

Très belles épreuves.

JORDANIS

1029 — Le Désir, d'après Werner.

Belle épreuve.

JULIEN (d'après A.)

1030 — Boby ou la Folle par amour écossaise, par L. Julien.
Belle épreuve.

KAUFFMANN (d'après A.)

1031 — The Growing Desire, par de la Rue de l'Epinay.
Belle épreuve.

KNIGT (C.)

1032 — Tragic Readings. (Lecture tragique). D'après Boyne,
Très belle épreuve.

KRAMAR (T.)

1033 — From the Banquet.
Très belle épreuve.

LACHAUSSÉE

1034 — Napoléon, d'après Roy : Petit buste au milieu d'une
légende explicative de forme circulaire, sur la campagne
de 1806.
Superbe épreuve.

LAINÉ (d'après F.)

1035 — L'agréable Repos. Gravé à la sanguine par Briceau.
Très belle épreuve, marge.

LAGRENÉE (d'après)

1036 — Femme nue debout. Gravé à la sanguine, par Bonnet.
Belle épreuve.

1037 — L'Insomnie amoureuse. Gravé à la sanguine, par Bonnet.
Très belle épreuve.

LAVREINCE (d'après N.)

1038 — L'Aveu difficile, par Janinet (E. B. 8).
Superbe épreuve.

1839 — Ah ! laisse-moi donc voir, par Janinet (2).
Superbe épreuve, marge.

1040 — La Comparaison, par Janinet (12).
Superbe épreuve avant toutes lettres, sans marge.

LAVREINCE (d'après N.)

1041 — The Comparaison, par Partout.

Superbe épreuve avec marge. Rare.

1042 — Le Déjeuner en tête à tête, par Janinet (18).

Superbe épreuve sans marge.

1043 — Le Déjeuné, — Confessions du XVIIIe siècle. Deux pièces faisant pendants, gravées par Soiron.

Superbés épreuves. Très rares, non décrites.

1044 — Les Deux Cages ou la plus heureuse, par de Brea (19).

Très belle épreuve, doublée.

1045 — L'Indiscrétion, par Janinet (30).

Superbe épreuve.

1046 — Nina, par Colinet (41).

Belle épreuve.

1047 — On y va deux, par Benossi (44).

Superbe épreuve avant la lettre; le titre est manuscrit.

1048 — Le Colin-Maillard, par Le Cœur (?). (E. B. app. 1).

Superbe épreuve avec le titre : le bandeau favorable.

1049 — Les Petits Favoris. Pièce appelée par M. Bocher : Le Joli Chien (App. 4).

Superbe et rare épreuve avant toutes lettres et avant qu'un second petit chien ait été ajouté au premier, avec marge.

1050 — La même composition, de forme ovale, gravée par Bertaud.

Superbe et rare épreuve avant toutes lettres.

1051 — La Séparation inattendue, par Le Cœur ?

Superbe épreuve. La composition est la même que le Repentir tardif, avec quelques différences dans la jupe du peignoir de la femme et dans l'expression des figures. Très rare.

LE BEAU

1052 — La Partie d'œufs frais, — La Réalité des plaisirs. Deux pièces faisant pendants, coloriées.

Très belles épreuves.

LE BEAU

1053 — La Faible résistance ou le Verrou, — L'Amant victorieux. Deux pièces d'après Fragonard et Touzé, coloriées.

Très belles épreuves.

LE BEL (d'après)

1054 — La Voilà prise, par Niquet.

Belle épreuve. Coloriée.

LE CLERC (d'après)

1055 — Le Bon logis, — A beau cacher. Deux pièces gravées
à la sanguine, par Bonnet.

Superbes épreuves, marge.

1056 — Son regard dit qu'on peut oser, par Le Campion.

Belle épreuve.

LE CŒUR (F.)

1057 — Bal de la Bastille, Ici l'on danse, d'après Swebach-
Desfontaines.

Superbe et rare épreuve, avec grandes marges.

1058 — Serment fédératif du 14 juillet 1790, d'après Swe-
bach-Desfontaines.

Superbe et très rare épreuve avec grandes marges.

1059 — Barrière des Champs-Elysées, premier May, donné à
la ville de Paris par l'Assemblée nationale qui supprime
tous les droits d'entrées aux barrières.

Superbe épreuve.

LE CŒUR (chez)

1060 — Le Présent, — Le Passé. Deux pièces de formes rondes, faisant pendants.

Très belles épreuves.

1061 — S'il cassait. Pièce de forme ronde.

Très belle épreuve, marge.

LE DRU

1062 — J.-J. Rousseau, représenté debout, au pied de son tombeau à Ermenonville. In-4. colorié.

Belle épreuve. Rare.

LEGRAND (AUG.)

1063 — La Servante justifiée, — L'hermite ou le frère Luce. Deux pièces gravées en 1802, coloriées.

Belles épreuves.

1064 — Jean-Jacques Rousseau ou l'Homme des champs.

Très belle épreuve.

1065 — The American heroine, — The Desire, — Cecilia. Trois pièces.

Belles épreuves.

LE PRINCE (d'après)

1066 — Jeune Femme couchée sur un divan. Gravé à la sanguine, par Demarteau.

Belle épreuve.

LE ROY (d'après)

1067 — L'Amour ramoneur, par Le Grand.

Très belle épreuve.

1068 — Coucou, par Beljambe.

Très belle épreuve.

LEVACHEZ

1069 — Le Sauteur en liberté, — Tombera-t-il ? Ne tombera-t-il pas ? Deux pièces faisant pendants, d'après C. Vernet.

Très belles épreuves.

LEVEILLÉ (d'après)

1070 — Loterie des Enfants trouvés, on la tire aujourd'hui, par Le Singe. Coloriée.

Très belle épreuve, marge.

LEVILLY

1071 — Fedelity, — Simplicity. Deux pièces faisant pendants.
Belles épreuves.

MAILE (J.)

1072 — Ninon de l'Enclos, — Mlle de Lavalière. Deux portraits, d'après Goubaud.
Belles épreuves, marges.

MALLET (d'après)

1073 — L'amitié reste, par Prot et Dissard.
Belle épreuve.

1074 — Le Bain d'amour, — Le Lit d'amour. Deux pièces faisant pendants, gravées par J. Prud'hon fils.
Très belles épreuves.

1075 — Chit Chit, par Copia.
Très belle épreuve.

1076 — Le Déjeuné de Fanfan, par Malles, d'après Van Gorp.
Superbe épreuve avant toutes lettres.

1077 — Départ pour l'Isle de Cythère, par St-Val.
Belle épreuve.

1078 — Histoire de l'amour. Suite de quatre pièces gravées par Prot, Benoist et Dissard.
Très belles épreuves.

1079 — Le Petit redresseur de quilles, par Alix.
Superbe épreuve, marge.

1080 — La Ravaudeuse, d'après Briche.
Très belle épreuve, marge.

1081 — Le Someil prémédité, par Moithey.
Belle épreuve.

1082 — La Sonnette ou le déjeuné interrompu, par Guyot.
Superbe épreuve. Rare.

1083 — La Toilette, par Mixelle.
Superbe épreuve, sans marge. Très rare.

MALLET (d'après)

1084 — Un bon tiens vaut mieux que deux tu auras, par P. Augrand.

Belle épreuve.

MARCHAND (A Paris chez)

1085 — Salle à manger d'un auteur. Salle à Manger d'un fournisseur. Deux pièces de formes rondes, imprimées sur une même feuille.

Belles épreuves, marge.

MARTINET (chez)

1086 — Les Musards de la rue du Coq.

Très belle épreuve. Rare.

1087 — Le Pavillon de la Paix.

Belle épreuve, marge.

1088 — Quel est le plus ridicule, Rapprochement et contraste des coutumes depuis 1789.

Très belle épreuve.

1089 — La Réunion politique ou la Lecture du journal.

Belle épreuve, marge.

1090 — Soirée du Luxembourg.

Belle épreuve.

1091 — Une Matinée du Luxembourg.

Belle épreuve.

MASON (W.)

1092 — Peace, — War. Deux pièces faisant pendants

Très belles épreuves.

MIXELLE

1093 — L'Amour bravé.

Très belle épreuve, marge.

1094 — Jeune Femme faisant sa toilette.

Très belle épreuve, sans marge. Très rare.

1095 — Arné (Joseph), grenadier. In-4.

Très belle épreuve.

MOÏTTE (d'après)

1096 — La Circassienne à l'encan.

Très belle épreuve avant toutes lettres.

MONSIAU (d'après)

1097 — Mariage Samnite, par Ruotte.

Belle épreuve.

MORACE

1098 — La Surprise mal à propos, d'après Seele.

Belle épreuve.

MOREAU (d'après)

1099 — Ceremony of te Deum by the allied armies on the square of Louis XV at Paris, le 10 avril 1814.

Très belle épreuve, marge.

MORRET (J.-B.)

1100 — Le Café des patriotes d'après Swebach des Fontaines.

Très belle épreuve du 1er état, avec les deux soldats à gauche coiffés de bonnets à poil. Sans marge.

MORLAND (d'après G.) 1793

1101 — Jeune Paysan et Paysanne représentés sur une même feuille.

Superbe épreuve. Très rare.

1102 — Constancy, par Bartoloti, — La Précaution, par Tresca, d'après Boilly. Deux pièces.

Belles épreuves.

1103 — L'Indolence, par Victoire le Veau.

Très belle épreuve.

MOUCHET (d'après)

1104 — Les Chagrins de l'enfance, par Le Cœur.

Superbe épreuve.

1105 — Le Réveil importun, — Couchez-la. Deux pièces faisant pendants, gravées par Darcis.

Très belles épreuves; une est en couleur.

NAUDET (d'après)

1106 — Amphithéâtre du cirque Franconi, — La Grande vol·
tige sur les chevaux.

Épreuve avant la lettre, coloriée.

1107 — Le Sérail parisien ou le Bon Ton de 1802, par Blanchard.

Très belle épreuve, imprimée en bistre.

1108 — Le Sérail en boutique.

Belle épreuve.

1109 — Fête du 1er vendémiaire an X, vue de la salle de
Walse aux fêtes du 14 juillet et 1er vendémiaire an dix,
— Jeux du mat de cocagne, avec perspective de la déco-
ration du Corps législatif aux fêtes du 14 juillet et 1er vendémiaire an X. Deux pièces faisant pendants, très curieuses pour les costumes.

Très belles épreuves.

1110 — Fête du 14 juillet an IX.

Très belle épreuve.

1111 — Les Physionomies du jour. Dessiné et gravé par
Nodet.

Très belle épreuve, marge.

NEWNHAM

1112 — Ariadne te Thesis.

Belle épreuve, marge.

NEWTON (R.)

1113 — A Bagnio on fire !! Curieuse pièce en couleur.

Très belle épreuve.

1114 — A White serjeant, or special messenger.

Très belle épreuve.

1115 — Lady termagant flaybum going to give her step son a
taste of her Desert after Dinner.

Rare.

1116 — One too Many, par J. Hassall.

Belle épreuve.

NEWTON et WOODWARD

1117 — Caricatures sur les mœurs. En noir et en couleur, vingt-cinq pièces.

Très belles épreuves.

NIXON (d'après J.)

1118 — A private rehearsal of Jane Shore, par J. Petit.

Belle épreuve.

PAQUET (d'après)

1119 — Arrivée à la fontaine de Jouvence, — Effets merveilleux de la fontaine de Jouvence. Deux pièces faisant pendants, gravées par Morret.

Très belles épreuves, grandes marges.

PAROY (le Comte de)

1120 — Intérieur d'une caverne de brigands.

Très belle épreuve.

1121 — La même estampe.

Très belle épreuve, en noir.

PASQUIER (d'après)

1122 — La Diseuse de bonne avanture, — L'Escamoteur. Deux pièces faisant pendants, gravées par Morette.

Superbes épreuves.

PETERS (d'après W.)

1123 — Shakspeare, Merry Wives of Windsor, Act II, scène 1re, par Thever.

Très belle épreuve.

PIRANESI

1124 — Fête donnée par le général Berthier, ministre de la guerre, à l'occasion de la paix entre la République française, l'empereur et le corps germanique, dans son hôtel et dans ses jardins à Paris, le 2 germinal an IX. Grande et belle pièce.

Superbe épreuve.

PIRINGER

1125 — Bosquet de Marie-Thérèse dans le jardin de Schonbrunn, d'après Jatche.

Superbe épreuve, marge.

POLLARD (R.)

1126 — St-Preux and Julia, d'après Weathy.

Superbe épreuve. Rare.

PRUD'HON (d'après P.-P.)

1127 — La Dévideuse ou Lachesis, — La fileuse ou Clothon. Deux pièces gravées par Prud'hon fils.

Belles épreuves.

1128 — Le Coup de patte du chat, — L'Amour caresse avant de blesser, — Le cruel rit des pleurs qu'il fait verser. Trois pièces gravées par Copia et Roger.

Belles épreuves.

QUEVERDO (le Jeune)

1129 — Milord Bouffi payant sa carte à Madame Véri.

Très belle épreuve.

RAMBERG

1130 — Les Lunettes.

Superbe épreuve, sans marge.

1131 — Le Rossignol.

Superbe épreuve, sans marge.

1132 — Compositions allégoriques. Deux pièces faisant pendants.

Superbes épreuves avant la lettre.

1133 — Le Marché aux esclaves. Deux compositions différentes, faisant pendants.

Très belles épreuves, sans marge.

REYNOLDS (d'après Sir J.)

1134 — Muscipula, par J. Jones.

Superbe épreuve, marges.

ROBERT (d'après Hubert)

1135 — L'Hermite du Colysée, — La Prière interrompue. Deux pièces gravées par J. B. Morret et Descourtis.
Superbes épreuves, toutes marges.

1136 — Ruine de la partie intérieure d'une basilique de Rome, par Guyot.
Très belle épreuve.

ROMNEY (d'après G.)

1137 — The Spinster, par T. Cheesman.
Très belle épreuve.

ROUSSEAU (d'après)

1138 — Ruse d'amour, — Pensée d'amour. Deux pièces gravées par Chaponnier.
Belles épreuves.

ROWLANDSON (J.)

1139 — A french family, par S. Alken.
Très belle épreuve, toutes marges.

1140 — Ague et fever, — Les Mois, etc. Trois pièces.

1440 *bis.* — French Barracks, par F. Malton.
Très belle épreuve.

1141 — A Cully Pyllagd, — Going a Going, — Intrusion on study or the painter disturbed. Trois pièces.
Très belles épreuves. Rares.

1142 — A Kick-up at a hazard table.
Très belle épreuve, marge.

1143 — Exhibition stare Case. Pièce curieuse.
Très belle épreuve. Rare.

1144 — Inn yard on fire. Pièce curieuse.
Très belle épreuve.

1145 — The dinner.
Superbe épreuve, grande marge.

ROWLANDSON (J.)

1146 — Transplanting of Teeth.

Très belle épreuve.

1147 — Unions.

Belle épreuve.

ROWLANDSON ?

1148 — A Sale of english-Beauties, in the East-Indies. Pièce très curieuse sur les mœurs.

Superbe épreuve.

RUOTTE

1149 — Portrait de l'impératrice Marie-Louise, d'après Bosio. In-fol.

Belle épreuve avec marge.

RYLAND (W.)

1150 — Marianne, portrait de jeune fille à mi-corps.

Très belle épreuve, marge.

SAINT-AUBIN (d'après Aug.)

1151 — The Place to the first occupier (La Place est au premier occupant), par Sergent.

Très belle épreuve, imprimée en bistre.

1152 — The First come best served (Le Premier arrivé est le mieux servi), par Sergent.

Très belle épreuve.

1153 — L'Heureux Ménage, par Sergent et Gautier.

Superbe épreuve avant toutes lettres.

1154 — La Sollicitude maternelle, par Sergent et Phélipeaux.

Superbe épreuve avant toutes lettres.

1155 — L'Heureuse Mère, par Sergent et Gautier.

Très belle épreuve.

1156 — La Tendresse maternelle, par Phélipeaux et Moret.

Bonne épreuve.

1157 — La Savonneuse, par Sergent.

Superbe épreuve avant toutes lettres.

SAINT-AUBIN (d'après Aug.)

1158 — Odalisque, ou Favorite du sultan. Gravé par Mme Lingée.

Très belle épreuve.

SAYER (R.)

1159 — The amiable Mother.

Belle épreuve.

1160 — Scènes de mœurs et caricatures. Six pièces.

Belles épreuves. Rares.

SCHARF (d'après G.)

1161 — Représentation des élections des membres de Parlement pour Westminster, 1848. Gravé par Robert Havel.

Très belle épreuve.

SERGENT (A.)

1162 — Il est trop tard.

Très belle épreuve.

1163 — The Magnetism (Le Baquet de Mesmer), par Guyot.

Superbe et rare épreuve avant toutes lettres, marge.

1164 — Le Mardi gras, — Le Mercredi des Cendres. Deux pièces faisant pendants.

Très belles épreuves. Rares.

1165 — L'Humanité courageuse, trait de courage de Catherine Vassent. Pièce imprimée en bistre.

Très belle épreuve.

1166 — Vue du Champ de Mars le 12 juillet 1789.

Superbe épreuve. Très rare.

1167 — Entrée des citoyens dans l'intérieur de la Bastille. Pièce en hauteur.

Superbe épreuve avant la lettre, marge.

1168 — Les Gardes françaises repoussent un détachement de Royal-allemand commandé par le prince Lambesc, rue Basse-du-Rempart, dans la nuit du dimanche 12 juillet 1789.

Superbe épreuve, marge.

SERGENT (A.)

1170 — Vue du Pont-Neuf et de la Samaritaine, par le Campion.

Belle épreuve.

SERGENT?

1171 — La Curieuse apperçue, — Le Moment dangereux, — La Fille engageante, — Le Billet rendu. Suite de quatre pièces de formes rondes.

Très belles épreuves. Rares.

1172 — Les Nouveaux Époux.

Superbe épreuve. Très rare.

1173 — La Pudeur allarmée.

Superbe épreuve avec marge. Très rare.

SICARDI (d'après)

1174 — Oh! che fortuna! par Bouquet.

Belle épreuve.

SMIRKE

1175 — Scène militaire grotesque sur les bords d'une rivière

Belle épreuve, sans marge.

SMITH (J.-R.)

1176 — Mademoiselle Parisot, d'après W. Devis. In-fol.

Très belle épreuve.

1177 — Catherine Mary et Thomas John Clavering, représentés en pied, d'après G. Romney. In-fol.

Très belle épreuve.

TARAVAL (d'après)

1178 — Le Doux Sommeil, par Guyot.

Belle épreuve.

TAUNAY (d'après)

1179 — Le Tambourin, par Descourtis.

Superbe épreuve.

TAUNAY (d'après)

1180 — La Rixe, par Descourtis.

Superbe épreuve.

1181 — Noce de village, — Foire de village. Deux pièces gravées par Descourtis. Réductions in-8°.

Très belles épreuves, en noir.

1182 — Le Départ de l'Enfant prodigue, — L'Enfant prodigue en débauche. Deux pièces faisant pendants, gravées par Descourtis.

Superbes épreuves, toutes marges.

TELLIOB (BOILLET)

1183 — Choice fruit. Pièce de forme ovale, publiée chez les sieurs Breton et Boillet.

Très belle épreuve, marges.

TORRE (A Landres chez)

1184 — Deux pièces critiques sur le danseur Vestris, l'une imprimée en bistre et l'autre en noir.

TOUVENIN

1185 — L'Amour enchaîné par les Grâces, d'après T. G. P.

Très belle épreuve, toutes marges.

TOUZÉ ET LE ROY (d'après)

1186 — Que j'aime ce fruit, — Je t'en ferai 'goûter. Deux pièces gravées par Dien, coloriées.

Très belles épreuves, marges.

TOWNLY-STUBBS

1187 — Savoir vivre — sans six sous, — Savoir vivre — sans souci. Deux pièces faisant pendants.

Belles épreuves.

TRESCA (F.)

1188 — Roman Nymphs, d'après Guttenbrunn.

Belle épreuve.

VANGORP (d'après)

1189 — Les Douceurs de la fraternité, par Gautier.
Très belle épreuve coloriée.

1190 — Combat sur mer et sur terre, par Guyot et Bonnet.
Superbe épreuve.

1191 — L'Inattention, par Honoré.
Belle épreuve.

VERNET (CARLE)

1192 — Les Alliés à Paris, costumes d'hommes et de femmes
Lithographie en couleur.

VERNET (d'après C.)

1193 — La Danse des chiens, par Levachez fils.
Superbe épreuve, marge.

1194 — Costumes modernes français et anglais (Oh! c'est
bien ça), par Levachez.
Superbe épreuve, marge.

1195 — Troisième suite de chevaux, — Cinquième suite de
chevaux. Deux pièces gravées par Levachez.
Belles épreuves.

VERNET (d'après C. et H.)

1196 — Les Gastronomes sans argent, — Les Gastronomes
en jouissance. Deux pièces gravées par Commarieux et
Coqueret.
Très belles épreuves, grandes marges.

VERNET (d'après H.)

1197 — Fanchon la Vielleuse, par Schenker.
Belle épreuve.

1198 — La Frileuse, par Schenker.
Très belle épreuve, marge.

VINCENT (d'après)

1199 — Ah! s'il y voyait! par Commarieux.
Très belle épreuve, marge.

WARD (W.)

1200 — Hésitation.

Très belle épreuve.

WATELET

1201 — Jeune Mère avec son enfant.

Belle épreuve; marge.

WILLE (fils, d'après)

1202 — Le Marchand de ptisane, — Le Dentiste ambulant.
Deux pièces gravées par Berthault.

Très belles épreuves. Rares.

WILLIAMS (d'après W.)

1203 — Matrimony, par F. Jukes.

Très belle épreuve. Rare.

WOLFF (d'après)

1204 — Les Pommes de terre, par Wolff frères.

Très belle épreuve, marge.

WOODWARD

1205 — Reading a Will.

Très belle épreuve, marge.

RÉVOLUTION (pièces sur la)

EN NOIR ET EN COULEURS

1206 — **1787.** L'Assemblée des notables, tenue à Versailles,
le 22 février 1787 ; en bas, le discours du Roi.

Très belle épreuve avec marge. Rare.

1207 — Tableau allégorique de l'oppression du peuple batave,
par le Stadhouder, en septembre 1787. Pièce de forme
ronde.

Très belle épreuve, grandes marges.

1208 — **1789**. Convoi de très haut et très puissant seigneur des Abus, mort sous le règne de Louis XVI, le 27 avril 1789. Grande pièce in-fol. en largeur, imprimée en bistre, publiée chez Sergent.

> Très belle épreuve.

1209 — Déclaration des Droits de l'Homme et du Citoyen, — Maximes générales du gouvernement agricole, le plus avantageux au genre humain, — Titre XIV de la Constitution, et dispositions générales de la Société, — Déclaration des Droits et des Devoirs de l'Homme et du Citoyen. Quatre pièces.

> Belles épreuves. Rares.

1210 — Départ des trois Ordres pour Versailles. Pièce coloriée.

> Très belle épreuve. Rare.

1211 — Liste de MM. les députés de Paris à l'Assemblée nationale. Pièce rare, publiée chez Guyot. Coloriée.

> Très belle épreuve.

1212 — Les Trois Ordres avec leurs attributs, sous le niveau. Pièce imprimée en bistre, publiée chez Crepy.

> Très belle épreuve.

1213 — Monsieur des trois Etats, — Madame des trois Etats, — Voilà le mot, — Voilà le costume désiré.

> Trois pièces coloriées. Très belles épreuves.

1214 — Le Temps passé, les plus utiles étaient foulés aux pieds, — Le Temps présent veut que chacun supporte le grand fardeau. Deux pièces sur fond rouge, publiées chez Villeneuve.

> Très belles épreuves.

1215 — La France, figurée sous un globe, est soutenue par les trois Ordres. Pièce imprimée en bistre.

> Très belle épreuve, marge.

1216 — Assemblée nationale, noms des députés et suppléans de la seconde législature. Grande allégorie, au milieu, le portrait de Louis XVI.

> Belle épreuve.

1217 — **1789**. Abus à supprimer. Pièce critique contre la noblesse et le clergé, gravée par Dessal. En couleur.

Belle épreuve.

1218 — Soirée du 30 juin 1789, dédiée à l'assemblée du Palais Royal.

Très belle épreuve, marge.

1219 — Les Motionnaires au caffé du Caveau. Pièce gravée à l'eau-forte.

Très belle épreuve, marge.

1220 — Siège de la Bastille, le 14 juillet 1789 ; en bas, comme armoiries, le plan de la forteresse, gravé par Germain.

Superbe épreuve avec marge. Très rare.

1221 — Prise de la Bastille, le 14 juillet 1789. Gravé à l'eauforte par Thevenin.

Superbe épreuve, grandes marges.

1222 — Prise de la Bastille. Gravé en couleur, par Campion.

Superbe épreuve.

1223 — Le Prince de Lambesc aux Tuileries. Gravé en couleur par Campion.

Très belle épreuve.

1224 — Démolition de la Bastille, — Temple dédié à la Liberté, projetté sur les ruines de la Bastille. Deux pièces, une publiée chez Bance, et l'autre gravée par Prieur.

1225 — Scène dans l'intérieur de la Bastille, pendant la journée du 14 juillet 1789. Grande pièce en largeur, gravée en couleur, par Hardener, d'après Klooger.

Belle épreuve.

1226 — The destruction of the Bastille, july 14, 1789. Gravé par Nutter, d'après Singleton.

Belle épreuve.

1227 — Colonne de la Liberté, monument projeté sur l'emplacement de la Bastille, à la gloire de Louis seize, restaurateur de la liberté française. Gravé par Taraval, en 1790, d'après Davy de Chevigné.

Belle épreuve.

8

1228 — **1789**. Sur les décombres du despotisme transparent, exécuté le 18 juillet, l'an deuxième de la liberté, à l'occasion du bal donné sur les ruines de la Bastille, aux frères fédérés des 83 départemens, en bas les portraits de Louis XVI, Bailly et Lafayette. Au dessous, ces mots : Ici on danse.

Très belle épreuve.

1229 — Le Trente un septembre 1789, les gardes du corps régalèrent les régiments de Flandres, Dragons de Montmorency, gardes nationaux de Versailles et plusieurs troquèrent d'uniformes et ils terminèrent la fête par fouler aux pieds la cocarde nationale et mirent la cocarde noire en signe de confédération aristocratique, etc. Pièce rare, coloriée.

Très belle épreuve.

1230 — Assassinat du clergé, — A Versailles, à Versailles, du 5 octobre 1789, — Journée mémorable de Versailles, le lundi 5 octobre 1789, Trois pièces en couleur.

Rares.

1231 — Le Roi esclave ou les sujets rois, female patriotism. Pièce rare en forme de frise où sont représentés le roi Louis XVI, la reine et le dauphin poursuivis par le peuple.

Superbe épreuve en couleur.

1232 — Pompe funèbre de très haut, très puissant et magnifique seigneur, Clergé de France, décédé le 2 novembre 1789. Pièce curieuse imprimée en bistre.

Très belle épreuve, marges.

1233 — La Première conquête de la liberté, ou la Révolution de 1789. Allégorie historique d'après le dessin de Monsiau, avec légende en bas. Grande pièce in-fol. en largeur.

Très belle épreuve. Rare.

1234 — Tronc national des dames françaises. Oh bravo, mesdames, c'est donc votre tour. Pièce coloriée.

Belle épreuve.

1235 — Le Déménagement du clergé, j'ai perdu mes bénéfices, rien n'égale ma douleur. Pièce coloriée.

1236 — **1789.** Le Peuple français et la garde nationale jurent fidélité aux lois nouvelles. Pièce publiée chez Chereau.

Très belle épreuve.

1237 — Le Globe de la France supporté par les trois Ordres, — La Partie d'échecs, — Le Perruquier patriote, — Mieux vaut tard que jamais ! Quatre pièces sur les trois ordres.

Belles épreuves.

1238 — Sept cent cinquante mécrasent.

Belle épreuve, marge.

1239 — Le Pacte national. Pièce in-fol. en hauteur, d'après Le Clerc.

Très belle épreuve.

1240 — L'Aristocrate, maudite Révolution, — La démocrate. Ah l'bon décret. Deux pièces sur fond rouge, publiées chez Villeneuve.

Très belles épreuves. Bares.

1241 — Cauchemar de l'aristocratie, par Copia, d'après Sauvage.

Belle épreuve avant la lettre.

1242 — MM. les Noirs lancent leur venin anti-constitutionel contre les décrets de l'auguste Assemblée nationale sur l'abolition des pouvoirs temporels du clergé. Pièce coloriée.

1243 — Chute prochaine de la fille à Target. Pièce imprimée en bistre, publiée chez Webert.

Belle épreuve, marge.

1244 — Médaillons sur le général Lafayette, 1789. Deux pièces.

Belles épreuves.

1245 — Cupidon, tambour-major national. Pièce coloriée, avec complainte autour.

Rare.

1246 — **1790.** Les Délassements du Palais-Royal, Le Biribi ou la Belle. Pièce coloriée.

Belle épreuve, marge.

1247 — **1790.** Les Premiers Martyrs de la liberté française, ou le massacre de la garde nationale de Montauban, le X may 1790. Gravé par J. B. Simonnet, d'après L'Espinasse.

Belle épreuve avec marge.

1248 — Fédération anti-patriotique des ci-devant aristocrates. Pièce imprimée en bistre.

Très belle épreuve.

1249 — Des Suppots de la chicanne délivrez-nous Seigneur, — Tant va la cruche à l'eau qu'enfin elle s'emplit, — Séance du 19 juin 1790, — L'Abbé dérangé ou chacun son tour, —Honny soit qui mal y voit,—De la visite des commis de barrière de délivrez-nous seigneur. Sept pièces coloriées.

1250 — Vue des travaux du champ de mars, par les Parisiens, l'an 1er de la liberté, le 12 juillet 1790. Les nobles et religieux y travaillent.

Très belle épreuve d'une pièce rare.

1251 — Travaux du Champ de Mars pour la fête de la Fédération. Les nobles et religieux y travaillent.

Pièce coloriée.

1252 — Confédération nationale du 14 juillet 1790. Pièce en couleur avec complainte.

Rare.

1253 — 14 Juillet 1789, — 14 Juillet 1790. Deux médaillons sur une même feuille, imprimée en bistre.

Très belle épreuve, marge.

1254 — Les Aristocrates désespérés d'apercevoir la fête du 14 juillet au Champ de Mars. En couleur.

Belle épreuve, marge.

1255 — Les Deux ne font qu'un. Pièce curieuse représentant les têtes de Louis XVI et de Marie-Antoinette sur le corps d'un animal chimérique. Le roi a des cornes sur la tête, et la reine, des plumes et des aspics, aussi sur la tête. En couleur.

Très rare.

1256 — La Noblesse et le Clergé conduits par Caron dans leurs domaines. Pièce gravée à l'eau-forte, coloriée.

Belle épreuve, marge.

1257 — **1791**. Chevaliers du Poignard désarmés par ordre du roi, au château des Tuileries, le 28 février 1791. Pièce en couleur avec légende en bas.

Superbe épreuve.

1258 — Autre pièce sur le même sujet, gravée à l'eau-forte; en bas, cette inscription : *Le 28 février 1791*.

Très belle épreuve. Rare.

1259 — Autre pièce sur le même sujet. Grande pièce en largeur, en couleur, avec légende en bas.

Belle épreuve.

1260 — Copie exacte des infâmes poignards dont étaient armés ceux qui ont été arrêtés ou chassés des Tuileries par la garde nationale, le 28 février 1791.

1261 — Le Mai des Français ou les entrées libres. Pièce rare avec bordure et légende.

Superbe épreuve.

1262 — Règle pour le droit de patente, décrété par l'assemblée nationale, dans les séances du 2 et 17 mars 1791.

Rare.

1263 — Lanterne magique républicaine, montrée à sire Georges Dandin et à Monsieur Pitt son féal ministre, — Fait miraculeux arrivé à Paris l'an de salut 1791, le six avril. Deux pièces coloriées.

Belles épreuves.

1264 — L'Offrande du Vatican ou des princes. En couleur.

Très belle épreuve.

1265 — La Brûlure. Grande pièce en couleur.

Très belle épreuve avec marge.

1266 — Enjambée de la sainte famille des Thuileries à Montmédy. Pièce curieuse où est représentée la reine Marie-Antoinette ayant un pied sur les Tuileries et l'autre à Montmédy ; le roi et le dauphin sont sur le dos de la reine, et suivis de Madame Elisabeth et de Madame Royale. Pièce en couleur avec légende.

Superbe épreuve. Très rare.

1267 — **1791**. Le Masque levé. Pièce curieuse représentant
Louis XVI en costume royal avec une cruche pour tête
et tenant sa tête de la main gauche ; en haut cette
inscription : Ah ! le cruchon. In-4 colorié.

Rare.

1268 — Il jette à ses pieds ce qu'il tenait dans ses mains.

1269 — Les deux font la paire. Pièce curieuse représentant le
roi à cheval sur un cochon. En couleur.

Marge.

1270 — Ficz-vous à ces déclarations. Pièce rare et curieuse
où est figurée la reine Marie-Antoinette sous la figure
d'une tigresse et le roi sous la figure d'un cochon. En
couleur.

Très belle épreuve, marge.

1271 — Buste de Louis XVI dans un médaillon posé sur un
piédestal où sont inscrits ces mots : *Louis le Faux*. D'un
côté le père Duchesne, de l'autre Jean-Bart. Pièce rare.

Très belle épreuve.

1272 — Le roi Louis XVI et Marie-Antoinette représentés à
genoux de chaque côté d'une médaille où sont inscrits
ces mots : *La loi et la nation*. En bas, au-dessous du roi :
Miserere mei.... misericordiam tuam. La reine répond :
Mea culpa... mea culpa, mea maxima culpa. Au-dessous :
Pénitence du 25 juin 1791. Pièce rare et curieuse.

Très belle épreuve, marge.

1273 — Marie-Thérèse apercevant Marie-Antoinette dans un
puits ; en bas cette légende : *Que faites-vous, ma fille ?*
Quel désespoir ? J'étais altérée du sang des Français.... —
Henri IV découvrant Louis XVI sous la figure d'un cochon, dans un tonneau ; en bas cette légende : *Ventre-*
saint-gris, où est mon fils ? Quoi ! C'est un cochon ? C'est
lui-même, il noye sa honte. Deux curieuses pièces en couleur.

Très rares, marges.

1274 — Que faites-vous ? Je sanctionne. Pièce curieuse représentant le roi Louis XVI enfermé dans une cage.

Belle épreuve, coloriée.

1275 — **1791**. Trait de l'Histoire de France du 21 au 25 juin 1791, ou la Métamorphose.

1276 — Le Gourmand, Heavy birds fly slow, delay Breeds danger. A scene at Varennes June 21, 1791. Pièce curieuse où le roi Louis XVI est représenté à table et la reine Marie-Antoinette se regardant dans une glace. En couleur.

Très belle épreuve. Rare.

1277 — Apparition de l'ombre de Mirabeau trouvé dans l'armoire de fer au château des Tuileries, — Rencontre de Mirabeau avec Mme de Villeroi, Aix-la-Chapelle, — Mirabeau arrive aux Champs-Elysées, etc. Cinq pièces en noir et en couleur.

1278 — The Windsor Hog, dedicated to the corporation of Windsor. Pièce coloriée représentant la figure du roi Georges sur le corps d'un cochon qu'un paysan conduit par la patte.

Rare.

1279 — M. Lucas se disant député et faisant sa motion au Palais-Royal. Pièce coloriée.

Belle épreuve, marge.

1280 — Eh bien! mon fils, j'avais raison de dire qu'il fallait mieux être citoyen qu'abbé, — Rosine! Rosine! ma chère Rosine, je jure que je t'adore. Non, non, M. l'abbé. — La Toupie d'Allemagne. — A Mons. L'Aveugle mal conduit. Trois pièces en couleur, très rares, dont une où sont représentés le roi et la reine.

1281 — **1791. Pièces sur l'émigration et l'armée de Condé**. La Coalition des rois, ou des brigands couronnés contre la République française. Pièce très curieuse où les souverains d'Europe sont représentés avec des corps d'animaux.

Rare.

1282 — Le Charlatan politique, ou le Léopard apprivoisé; grande pièce. Caricature sur le roi d'Angleterre et son gouvernement. En couleur.

Belle épreuve.

1283 — **1791. Pièces sur l'émigration et l'armée de Condé.** Congrès des rois coalisés, ou les tyrans découronnés. Pièce imprimée en bistre avec légende.

1284 — Grande armée du ci-devant prince de Condé. Pièce curieuse gravée à l'eau-forte avec légende.

Très belle épreuve.

1285 — La Contre-Révolution. Grande pièce en largeur, avec légende en bas. En couleur.

Rare.

1286 — Défaite des contre-révolutionnaires commandés par le petit Condé. Pièce avec légende, en couleur.

Belle épreuve. Rare.

1287 — Envoi d'un supplément d'armée au ci-devant prince de Condé, par MM. les noirs ou du cul-de-sac. Pièce avec légende, en couleur.

Rare.

1288 — La Contre-Révolution ratée, ou les Paniers percés. Pièce en couleur, avec légende.

Belle épreuve.

1289 — La Contre-Révolution ne serait-elle qu'une caricature ? En couleur.

1290 — Le Gargantua du siècle, ou l'Oreille de la dive bouteille. Grande pièce en couleur, avec légende en bas.

Belle épreuve.

1291 — La Foire de Coblentz, ou les Grands Fantoccini français. Grande pièce en couleur, avec légende.

Très belle épreuve.

1292 — Grand Conseil des émigrans. En couleur.

Rare.

1293 — Le Conseil électoral. En couleur.

Rare.

1294 — Le Gazetier de Coblentz. En couleur.

Rare.

1295 — **1791. Pièces sur l'émigration et l'armée de Condé**, La Grande aiguiserie royale de poignards anglais. Le fameux ministre Pitt aiguisant les poignards avec lesquels il veut faire assassiner les défenseurs de la liberté des peuples. En couleur.

Rare.

1296 — La Grande émigration du roi des marmottes. Pièce en largeur, en couleur.

Rare.

1297 — Grand débandement de l'armée anticonstitutionnelle. Pièce curieuse et rare.

Belle épreuve, marge.

1298 — Marche du Don Quichotte moderne pour la deffence du Moulin des Abus. Grande pièce critique contre Mirabeau.

Très belle épreuve avec marge. Rare.

1299 — La Mascarade. Pièce en couleur.

Rare.

1300 — Les Pèlerins de saint Jacques. En couleur.

Rare.

1301 — Le Petit Condé piquant des deux l'autruche sur lequel il est monté.

Pièce rare en couleur, marge.

1302 — Les Réfractaires allant à la terre promise. Belle pièce en largeur, avec légende. En couleur.

Très rare.

1303 — Le Soleil au signe du Capricorne. Grande pièce en couleur, avec légende en bas, publiée chez Basset.

Très belle épreuve.

1304 — Revue du général Fayence, contre-révolutionnaire. En couleur.

Rare.

1305 — George se dépitte et signe enfin la paix générale. Pièce publiée chez Depeuille.

Très belle épreuve, marge.

1306 — **1791. Pièces sur l'émigration et l'armée de Condé.** Retour de deux émigrans. Pièce curieuse sur fond rouge, publiée chez Villeneuve.

1307 — **1792.** Philippe-pique, pièce représentant le duc d'Orléans sous la figure du roi de pique, — La Trinité bourbonnaise. Pièce où sont représentés Henri IV, Louis XVI et le duc d'Orléans en rois de trèfle, de pique et de cœur ; au dessous, trois médaillons, dont un représente Louis XVI sous la figure d'un bœuf, et plus bas une complainte. Deux pièces rares.

1308 — Le Dégel de la Nation, — Jésus-Christ sur la montagne. Deux pièces imprimées en bistre, avec légende en bas, publiées chez Le Bel. Dans la première pièce, en haut, à droite, on voit toute la famille royale.

Belles épreuves.

1309 — Aux trois obstinés, — Nouvelle poudre à la Maréchal de la fabrique des sieurs Bender et Cacacabeau. — Régénération du capucin Chabot, — La Bascule patriotique, — La Balance de Thémis, etc. Six pièces.

Très belles épreuves.

1310 — Nouveau pacte de Louis XVI avec le peuple, le 20 juin 1792, L'An IV° de la liberté. Pièce rare représentant Louis XVI en pied, coiffé du bonnet rouge et tenant une bouteille à la main.

Superbe épreuve en couleur, marge.

1311 — Louis XVI, coiffé du bonnet de la liberté. In-4, en bistre.

Superbe épreuve, marge.

1312 — Journée mémorable du 20 juin 1792. Gravé à l'eauforte par Pauquet, et terminé au burin par Jourdan.

Très belle épreuve, marge.

1313 — Le Crible de la Révolution, Le Temps tenant le crible dans lequel se trouvent Louis XVI, Marie-Antoinette, le Dauphin et les autres membres de la famille royale. Pièce de forme ovale, imprimée en bistre.

Très belle épreuve avec marge. Très rare.

1314 — **1792**. Journée du 10 aoust 1792, dédié aux braves sans-culottes. Pièce publiée chez Villeneuve.

Superbe épreuve, marge.

1315 — Fondation de la République le 10 août 1792. (Journée du 10 août aux Tuileries). Grande pièce gravée à l'eau-forte et publiée chez Basset.

Très belle épreuve, avec marge.

1316 — Le Ci-devant grand couvert de Gargantua moderne en famille. Grande pièce en couleur avec légende en bas, où sont représentés le Roi, la Reine et les principaux personnages de la famille royale.

1317 — La Poulle d'Autruyche, Je digère l'or, l'argent avec facilité, mais la Constitution je ne puis l'avaler. Pièce rare et curieuse, en couleur, représentant la figure de la Reine sur le corps d'une autruche.

Marge.

1318 — Échequemat. Pièce curieuse où est représentée la famille royale. Le Roi dit : *J'ai perdu toutes mes pièces.* La Reine répond : *Je vous ai porté malheur.* Pièce coloriée.

Très belle épreuve. Rare.

1319 — Cette leçon vaut bien un fromage , sans doute ! Pièce rare où le roi Louis XVI est représenté sur un fauteuil, sous la figure d'un cochon, mangeant dans un plat que lui présente un valet. Derrière le fauteuil, la Reine debout. Pièce gravée à l'eau-forte.

Très belle épreuve.

1319 *bis.* — Vous m'avez connu trop tard. Pièce où le roi est représenté sous la figure d'un cochon mangeant un pâté.

1320 — J'ai écarté les cœurs, il a les piques, et je suis capot. Eh bien ! jouez votre jeu.

Pièce imprimée en bistre, marge.

1321 — Mme Laspict, La Reine avec des ailes de chauve-souris, pose ses griffes sur la Constitution, — Le Roi Louis XVI en porc. Deux petites pièces de formes rondes,

Très belles épreuves. Rares.

1322 — **1792**. Louis XVI et Marie-Antoinette figurés avec des corps d'animaux cherchent à déraciner l'arbre de liberté. Pièce rare, gravée à l'eau-forte.

> Très belle épreuve, marge.

1323 — Je me suis ruiné pour l'engraisser, La Fin du compte, Je ne sais qu'en faire. Deux pièces sur le même sujet, réprésentant la figure du roi sous le corps d'un cochon qu'un paysan conduit par la patte. En couleur.

1324 — *Louis le traître, lis ta sentence,* — Une main traçant sur un mur l'inscription suivante : *Dieu a calculé ton reigne et la mis à fin. Tu as été mis dans la balance et tu as été trouvé trop léger.* Au-dessus, en dehors du trait carré, l'inscription rapportée; dans la marge du bas, une légende avec la guillotine pour armoiries, sur la base de laquelle on lit : *Elle attend le coupable.* Pièce très rare publiée chez Villeneuve.

> .Superbe épreuve.

1325 — La Panthère autrichienne, — Le Traître Louis XVI. Deux pièces très curieuses faisant pendants, gravées à la manière du lavis. Elles représentent les têtes de la reine Marie-Antoinette et du roi Louis XVI dans des médaillons, suspendus dans des lanternes. A Paris, chez Villeneuve.

> Superbes épreuves. Très rares.

1326 — Ménagerie curieuse. Pièce rare représentant les têtes de Louis XVI, Henri IV et Sully sur le corps d'un serpent. En couleur.

1327 — Ainsi va le monde, — Grand combat à mort, — Le Roi Janus ou l'homme à deux visages. Trois pièces allégoriques dans lesquelles sont représentés Louis XVI et Marie-Antoinette.

> Superbes épreuves, avec marges.

1328 — Le Nouveau Calvaire. Pièce curieuse où sont représentés en croix, le Roi, Monsieur, et le comte d'Artois. En bas, la Reine accablée de douleur, et la duchesse de Polignac au pied de la croix. Pièce publiée chez Webert.

> Très belle épreuve, marge.

1329 — **1792**. Camp formé autour de Paris, en 1792, pour le mettre à l'abri de l'invasion. En couleur.

Très belle épreuve.

1330 — **1793**. Exécution de Louis Capet XVIe du nom, le 24 janvier 1793. La scène est prise au moment où le bourreau présente la tête du Roi au peuple. Grande pièce gravée à l'eau-forte et publiée chez Basset.

Très belle épreuve, marge.

1331 — Aux mânes de nos frères sacrifiez par le traître. La tête de Custine soutenue par le bourreau dont on aperçoit que le bras, au bas cette inscription : *Ainsi périsse les traîtres à la Patrie.* — Matière à réflexion pour les jongleurs couronnés. La tête de Louis XVI soutenue par la main du bourreau dont on aperçoit que le bras ; en bas, cette inscription : *qu'un sang impur abreuve nos sillons*, avec légende en dessous. Deux pièces très rares faisant pendants, publiées chez Villeneuve.

Superbes épreuves.

1332 — Réception de Louis Capet aux enfers par grand nombre de brigands ci-devant couronnés. Le roi Louis XVI arrivant aux enfers, sa tête sous son bras; en bas, comme armoiries la tête du roi soutenue par la main du bourreau, avec légende. Gravé par Villeneuve.

Très belle épreuve, marge. Rare.

1333 — Le Triomphe de la montagne. Belle pièce allégorique, gravée par P. Lelu. Gouachée.

Superbe épreuve avec marge. Très rare.

1334 — La même estampe.

Belle épreuve en noir.

1335 — Le 31 May 1793. Grande pièce gravée par Tassart, d'après Harriet.

Belle épreuve.

1336 — Assassinat de J. P. Marat, 13 juillet 1793, — Assassinat de Michel Le Pelletier, 20 janvier 1793. Deux pièces faisant pendants, gravées en couleur, d'après Brion.

Très belles épreuves.

1337 — **1793.** La Bataille d'Honschote du 8 septembre 1793. Grande pièce en largeur.

> Belle épreuve.

1338 — Jugement de Marie Antoinette d'Autriche au tribunal révolutionnaire, octobre 1793. Gravé en couleur par Cazenave, d'après Bouillon.

> Superbe épreuve, marge.

1339 — La Véritable Guillotine ordinaire, Ha, le bon soutien pour la liberté. Pièce curieuse.

> Très belle épreuve. Très rare.

1340 — Le Trium-Gueusat. Pièce curieuse représentant : Frédéric, Brunswick et François dans la lanterne, publiée chez Villeneuve.

> Superbe épreuve. Très rare.

1341 — Le Diable, après avoir couvé longtemps la ruine du plus bel empire, s'applaudissait de sa brillante couvée. Nargue de tes efforts, lui dit son infernale moitié, vois mon jacobin. Le diable demeura stupéfait. Pièce rare.

> Très belle épreuve.

1342 — Le Temps resserrant les nœuds des frères et amis, — Les Extrêmes se touchent, — Les sauveurs du peuple, — Tient bien ton bonnet, et toi défend ta queue. Quatre pièces dont trois coloriées.

1343 — Le Pouvoir de la liberté ou l'effroi des égoïstes et des aristocrates, dédié aux héroïnes françaises. Pièce rare.

> Très belle épreuve, marge.

1344 — Française devenue libre. Pièce curieuse imprimée sur fond rouge, publiée chez Villeneuve.

> Très belle épreuve, marge.

1345 — Les Mortels sont égaux, ce n'est pas la naissance, c'est la seule vertu qui fait la différence. En couleur, avec légende en bas.

> Belle épreuve.

1346 — **1793**. Unité, indivisibilité... du crime et de la misère, Le miroir du passé pour sauvegarde de l'avenir. Pièce allégorique avec légende explicative en bas et sur les côtés.

Très belle épreuve.

1347 — Egalité, Les Porteurs de charbon, Comme les Chevaliers de Saint Louis, sont tenus de déposer au secrétariat de la municipalité le signe distinctif qu'ils tiennent de l'ancien régime. Pièce curieuse, coloriée.

Belle épreuve, mais doublée.

1348 — République française, Liberté, Egalité, Projet de groupe à exécuter au fond du Panthéon français. Dessiné et gravé par Quatremère.

Très belle épreuve, grande marge.

1349 — Le Triomphe de la Liberté, — Le Triomphe de la Montagne. Deux pièces faisant pendants, imprimées en bistre.

Très belles épreuves, marges.

1350 — La Liberté et l'Egalité unies par la Nature. Pièce allégorique, publiée chez Potrelle.

Belle épreuve.

1351 — La Loi, — La Force, — L'Egalité, — En liberté comme toi. Quatre pièces gravées par Bonneville.

Belles épreuves.

1352 — L'Egalité, — La Liberté, — La Vertu, — La Force, La Probité, — La Vertu, — La Raison, — La Nature, La Fraternité, — La France républicaine. — Moi libre aussi. Suite de dix pièces de formes rondes, gravées par Darcis.

Très belles épreuves.

1353 — La Liberté. Deux compositions différentes, en couleur, publiées chez Villeneuve.

1354 — Liberté, — Egalité. Deux pièces en couleur, imprimées sur satin.

1355 — Liberté, — Egalité. Deux pièces en couleur, sur une même feuille, gravées par Guyot d'après Queverdo.

Très belle épreuve, marge.

1356 — **1793**. Le Dévouement à la patrie, an II. Gravé par Marchi.

Belle épreuve, sans marge.

1357 — La France sauvée, — Magicienne consultée sur la révolution de 1789, — L'Homme du Peuple, l'Homme de la Cour, — Chasse patriotique à la grosse bête, — Le Despotisme terrassé. Cinq pièces en noir.

1358 — Le Nouvel astre français ou la Cocarde tricolore suivant le cours du Zodiaque. Pièce rare.

Très belle épreuve.

1359 — Le Peintre amoureux de son modèle, — Retour de Conscience, — Cas du manifeste du duc de Brunswick, — Cas des assignats chez les étrangers, — Digestion de la constitution, — Branle d'Autun, — Pas de deux entre un Jacobin et un Feuillant. Sept pièces.

Très belles épreuves.

1360 — Le Confesseur indulgent, — Garre aux faux pas, —Ah ça va mal, — Le Coup de rabot, — Le Guerrier constitutionnel, etc. Sept pièces.

Belles épreuves.

1361 — Vue de la montagne élevée au champ de la réunion, — Inauguration du buste de Marat au tombeau qui a été élevé pour sa Gloire et celle de Lazowski... Deux pièces.

Belles épreuves.

1362 — L'Amour sans culotte, — L'Amour sur un tigre. Deux pièces, la seconde est gravée par Copia, d'après Sauvage.

Belles épreuves.

1363 — **1794**. Serment fait le 21 Germinal, an 4ᵉ, par 1.500 républicains attaqués par une armée, de deffendre la redoute importante de Montenesima. Gravé par Koch.

Très belle épreuve en couleur.

1364 — La même estampe.

Très belle épreuve en noir.

1365 — Le Peuple français ou le Régime de Robespierre. Pièce coloriée.

Très belle épreuve, marge.

1366 — **1794**. Acte de justice du 9 au 10 thermidor. Pièce rare gravée à l'eau-forte d'après Viller.

> Belle épreuve, marge.

1367 — IX Thermidor. Grande pièce en forme de frise gravée par Coqueret, d'après Lethière.

> Superbe épreuve avant la lettre.

1368 — La Nuit du 9 au 10 thermidor an II. Gravé par Tassaert d'après Harriet.

> Belle épreuve.

1369 — Fin tragique de la république française. Pièce gravée à l'eau-forte.

> Très belle épreuve.

1370 — L'Egalité triomphante ou le Triumvirat puni. Pièce publiée chez Villeneuve.

> Très belle épreuve, marge.

1371 — Grand convoi funèbre de leurs majestés les Jacobins en leur vivant nos seigneurs et maîtres décédés en leurs palais de la rue St-Honoré. En couleur.

> Belle épreuve, marge.

1372 — Prudence, — Force, — La Raison, — La Loi. Quatre pièces publiées chez Basset et Chereau.

> Belles épreuves.

1373 — La Correction républicaine. Pièce curieuse représentant les généraux Pichegru et Jourdan, fouettant le duc d'York et le prince de Cobourg, en couleur.

1374 — Le Triomphe de l'agioteur, — Assignats, mandats territoriaux en forme de trompe-l'œil. Deux pièces.

1375 — Refrains patriotiques, Danse autour d'un arbre de liberté, surmonté du bonnet rouge. Pièce coloriée.

1376 — Les Grenouilles qui demandent un Roi. Deux pièces sur le même sujet.

> Belles épreuves.

1377 — La République triomphante, par Darcis.

> Belle épreuve.

9

1378 — **1794.** La Liberté triomphante, ou les Sans-cœur terrassés. Pièce imprimée en bistre.

Très belle épreuve, marge.

1379 — Décadaire des hommes célèbres avec calendrier pour l'année 1794. Pièce rare et curieuse.

Très belle épreuve.

1380 — **1795.** Vue du jardin national et des décorations, le jour de la fête célébrée en l'honneur de l'Être suprême le décadi 20 prairial, l'an IIᵉ de la République française.

Belle épreuve avec marge.

1381 — Fête républicaine, grande pièce gravée par Duplessis Bertaux en 1795, d'après P. A. Wille.

Superbe épreuve en couleur, avant la lettre.

1382 — Aux malheureuses victimes immolées à Lyon après le siège de leur patrie, Monument élevé aux Broteaux en 1795 et abattu en 1796.

Belle épreuve. Rare.

1383 — **1797.** Tableau général de la Révolution française, terminée par celui de la Paix. Belle pièce allégorique, gravée par Ch. Normand, d'après Poirier.

Très rare épreuve en couleur, sans marge.

1384 — La même estampe. Epreuve en noir.

1385 — L'Ordre et la marche des puissances coalisées contre la France. Pièce allégorique, gravée par J. B. Louvion.

Belle épreuve.

1385 *bis.* — **1799.** Représentation d'une grande Nation. Grande caricature sur la France, gravée par J. Cooke et publiée en Angleterre en 1799, imprimée en bistre.

1386 — Séance du corps législatif à l'Orangerie de Saint-Cloud, 19 brumaire 1799. Gravé par Bartolozzi.

Belle épreuve.

1387 — Séance mémorable du Corps législatif dans l'Orangerie de Saint-Cloud, journée du 19 brumaire, 10 novembre 1799. Gravé par Le Beau, d'après Naudet.

Belle épreuve.

1388 — Entre deux chaises le cul par terre. Pièce satirique contre le Directoire représenté par un personnage à cinq têtes, assis sur le balancier politique. Gravé à l'eau-forte.

Très belle épreuve.

1389 — **1800.** Le Triomphe de la République française, Consulat, an VIII. Gravé par David, d'après Monnet.

Très belle épreuve avant toutes lettres.

1390 — Le Triomphe de la République. Grande et belle pièce curieuse gravée en couleur par Alix, d'après Boissieux.

Superbe épreuve. Très rare.

1391 — Rue Nicaise, 3 nivose, an IX de la République française.

Belle épreuve, marge.

1392 — Allégorie sur les triomphes de la République. Gravé par Vangelisty.

Très belle épreuve avant la lettre, grandes marges.

1393 — **1802.** Les Ministres anglais se font servir un pâté d'Amiens qui renferme un coq vivant. Pièce en couleur.

Rare.

1394 — **1804.** The grande coronation procession of Napoleon the 1ᵉʳ Emperor of France from the church of Notre-Dame, 2 décembre 1804. Grande lithographie en couleur, en forme de frise, publiée en Angleterre.

Rare.

1395 — Le Loup dans la bergerie, — Les Loups faisant la paix avec les brebis. Deux pièces.

Belles épreuves.

1396 — La Poncelinade. Pièce critique sur l'abbé Poncelin, avec légende.

Rare.

1397 — M. Astuce. Pièce imprimée en bistre.

Très belle épreuve.

1398 — Découverte faite par le cousin Jacques, Deux pendus dans la lune.

Belle épreuve.

1399 — Caricatures et sujets divers. Vingt-deux pièces en noir.

1400 — Caricatures sur les prêtres et les religieux. Treize pièces en couleur.

1401 — Caricatures sur les trois ordres, les religieux, etc. Dix-neuf pièces en couleur.

1402 — Caricatures politiques de la même époque. Onze pièces en couleur.

1403 — Saute, marquis... et toi, hipocrite, — La Discipline, patriotique, — Le Joli moine profitant de l'occasion, — Assemblées des capucins, — Faits historiques, etc. Dix-neuf pièces, caricatures de la révolution. En couleur.

1404 — Caricatures et pièces diverses sur les Jésuites. Neuf pièces en noir.

ALBUMS

1405 — **Anonymes.** — Recueil d'estampes révolutionnaires sur la cour, la noblesse, le clergé, et la révolution belge. 1789 et 1790. Cinquante et une pièces très curieuses, dont plusieurs relatives à Louis XVI et Marie-Antoinette, en 1 vol. in-fol., basane.

1406 — **Aubry, Chazal, Colin, Bellangé et Pigal.** — Album comique de pathologie pittoresque. Paris, Ambroise Tardieu, 1823. Un vol. in-4° oblong, demi-rel.

1407 — **Benjamin.** — Chemin de la postérité. Un vol. in-4°, demi-rel.

1408 — **Boilly et Pigal.** — Collection de costumes Italiens, dessinés d'après nature en 1827, — Coup d'œil sur Rome en 1828. Soixante pièces en couleur, reliées en un vol. in-4°, demi-rel., mar. rouge.

1409 — **Boissy.** — Le comte de Boursoufle, suite de douze lithographies en couleur, — Caricatures par Carle Vernet. Dix-huit pièces en un vol. in-4° oblong, demi-rel. mar. rouge.

1410 — **Bouchot**. — Ce que parler veut dire. Vingt-sept pièces coloriées.

1411 — **Bouchot et Gavarni.** — Les Péchés actuels, suite de douze pièces, — Le chapitre des illusions, douze pièces, — Les malheurs d'un amant heureux, douze pièces, — Caricatures diverses, par Gavarni, Geniole, etc. Soixante-six pièces et quatre titres, lithographies coloriées, en 1 vol. in-fol. demi-rel. mar. rouge.

1412 — **Bouchot et autres.** — Les Bigarrures de l'esprit humain. Caricatures de mœurs, etc. Trente-six pièces, coloriées.

1413 — **Bouchot, Leprince et H. Monnier.** — L'Ecole des voyageurs, — Inconvéniens d'un voyage en diligence, — Impressions de voyage. Trente et une pièces et trois titres, reliés en 1 vol. grand in-4°, demi rel. basane.

1414 — **Concours décennal,** ou collection gravée des ouvrages de peinture sculpture, architecture et médailles, mentionnés dans le rapport de l'Institut. Paris, chez Filhol et Bourdon, 1812. 1 vol. grand in-4° demi-rel. mar. rouge., fig.

1415 — **Divers.** — Caricatures sur la chute de l'empire, république de 1870. Environ deux cents pièces coloriées.

1416 — **Forest (Eugène) et autres.** — Portes et fenêtres, — Caricatures de mœurs. Quatre-vingt deux pièces coloriées.

1417 — **Famin.** — Peintures, bronzes et statues formant la collection du cabinet du musée royal de Naples avec leur explication, par C. Famin. Paris, 1832. 1 vol. in-4°, demi-rel. basane.

1418 — **Gérard Fontallard.** — Histoire d'une épingle. suite de seize pièces, en 1 vol. in-fol. cartonné.

1419 — **J. Grandville.** — Les Métamorphoses du jour. Suite de Cinquante-neuf figures en couleur, reliées en 1 vol. in-4° oblong, demi-rel. basane.

1420 — **Heath**. — Studies from the stage or the vicissitudes of life. Vingt et une pièces en 1 vol. in-fol. oblong, cartonné.

1421 — **J. Isabey**. — **H. Monnier**. — Caricatures. Vingt planches en couleur, 1 vol. in-4°, demi-rel.

1422 — **A. Jazet**. — Mon village. Vingt-quatre planches en lithographies coloriées, 1 vol. in-4°, demi-reliure.

1423 — **Lami** (**Eugène**). — La Vie de château. Vingt pièces, — Panorama du bois de Boulogne. Huit pièces, — Six quartiers de Paris, — Tribulations des gens à équipages. Huit pièces. En tout quarante-deux pièces avec quatre titres, en 1 vol. in-fol. oblong. demi-rel. basane.

1424 — **Monnier, Grandville et Ruche**. — Jadis et aujourd'hui, — Six quartiers de Paris, — Boutiques de Paris, — Esquisses parisiennes, — Les désagréments de Paris, — Le Dimanche d'un bourgeois de Paris. Soixante quatre pièces en couleur, en 1 vol. in-4° demi-rel.

1425 — **Henri Monnier. Ch. Philipon**. — Exploitation générale des modes et ridicules de Paris et Londres. Cent dix pièces coloriées, dans un portefeuille.

1426 — **Monnier et Wattier**. — Misères et félicités humaines, — L'Utilité d'une jambe de bois, — Essais sur des stances de J.-J. Jacques Rousseau. — Caricatures anticholériques, etc. Trente-huit pièces lithographies, coloriées, reliées en 1 vol. in-4° oblong, demi-rel. basane.

1427 — **Philippon**. — Scènes d'amourettes. Suite de trente-six pièces, lithographies en couleur, en 1 vol. grand in-4°, basane.

1428 — **Philippon**. — Compensations. Quarante-deux pièces coloriées, 1 vol. in-4° demi-rel.

1429 — **Philippon et Bouchot**. — Les Amours de haut et bas étage, — Scènes parisiennes, — Amours des différents quartiers de Paris, — Déclaration d'amour des diverses professions, — Les Amourettes du jour. Quatre-vingt-treize lithographies coloriées, en 1 vol. in-fol. demi-rel. basane.

1430 — **Philippon et Gérard-Fontallard.** — Bluettes, — Signalements et variations d'une femme, — Album pour rire, — Récréations et distractions, — Mœurs du temps, — Déplaisirs et mésaventures, etc. Soixante-neuf lithographies en couleur, en 1 vol. in-4° oblong, veau bleu.

1431 — **Philippon, H. Monnier et Scheffer.** — Omnibus et autres voitures, — Miroir des Dames, — Expressions des sentiments des Grisettes, — Les Passe-Temps. Trente-deux pièces en couleur, en 1 vol. in-4°. demi-rel.

1432 — **Pigal.** — La Semaine des Amours, Suite de dix lithographies en couleur, en 1 vol. in-4° demi-rel.

1433 — **Pigal, Francis et Bouchot.** — Médailles et Contrastes, — Esquisses parisiennes, — Caricatures diverses. Soixante-sept pièces lithographiées en couleur, reliées en 1 vol. grand in-4°, demi-rel., mar. rouge.

1434 — **Pigal et Pajou.** — Mœurs parisiennes. Cent quarante pièces lithographiées en couleur, en 1 vol. in-fol. demi-rel. basane.

1435 — **Scheffer (Gabriel).** — Ce qu'on dit et ce qu'on pense. Suite de soixante lithographies en couleur, en 1 vol. in-4° oblong, demi-rel.

1436 — **Scheffer et autres.** — Grisette et amourettes. Quatre-vingt-dix pièces lithographiées et coloriées, 1 vol. in-4°, demi rel.

1437 — **C. J. Traviès et autres.** — Miroir grotesque. Cinquante-quatre pièces coloriées, 1 vol. in-4°, demi-rel.

1438 — **Traviès, Philippon, etc.** — Tableaux de Paris. Cent-neuf pièces coloriées, plusieurs tirées de journaux, dans un portefeuille.

1439 — **Traviès et Paul Louis.** — Les Contrastes, galerie mimique et physionomique, — Les Contrastes, par Paul Louis, — Contrastes, oppositions, voisinages. Soixante-dix lithographies coloriées, reliés en 1 vol, in-4° oblong, demi-rel. basane.

1440 — **Vandertaclen et A. de B.** — Histoire d'un chat, — Histoire de Finette, — Trop tôt et trop tard. Trente pièces lithographies en couleur, reliées en 1 vol. in-4° oblong, demi-rel., basane.

1441 — **Vernet.** — Fables de La Fontaine, illustrées par Horace Vernet. Vingt pièces avec texte, en 1 vol. in-4° oblong, cartonné.

1442 — **Vernier, Bouchot et Daumier.** — La Polka-manie, — Voyage en Chine, — Embellissements de Paris, — Modes de 1845, etc. — Trente-trois lithographies en couleur, reliées en 1 vol. grand in-4°, demi-rel. mar. rouge.

1443 — **Wattier et autres.** — Un an de la vie d'une jeune fille, l'échelle conjugale, etc. Quatre-vingt-trois pièces coloriées, 1 vol. in-4° demi-rel.

Paris. — Imprimerie Pillet et Dumoulin, 5, rue des Grands-Augustins.

www.ingramcontent.com/pod-product-compliance
Lightning Source LLC
Chambersburg PA
CBHW071808090426
42737CB00012B/2003